意味も知らずに
プログレを
語るなかれ

円堂都司昭

by Toshiaki Endo

Guitar magazine

Rittor Music

Contents

はじめに 006

Part 1

PINK FLOYD ———————————————— 010
ピンク・フロイド

Arnold Layne 012
アーノルド・レーン

Eclipse 019
狂気日食

Wish You Were Here 027
あなたがここにいてほしい

Another Brick In The Wall, Part 2............ 033
アナザー・ブリック・イン・ザ・ウォール（パート 2）

KING CRIMSON ———————————————— 044
キング・クリムゾン

21st Century Schizoid Man
Including Mirrors.................................. 046
21 世紀のスキッツォイド・マン（インクルーディング：ミラーズ）

Epitaph
Including March For No Reason
And Tomorrow And Tomorrow 052
エピタフ（墓碑銘）(a) 理由なき行進 (b) 明日又明日

The Letters 060
レターズ

Starless 067
スターレス

Elephant Talk 074
エレファント・トーク

Yes
イエス ———————————————————————— 084

Roundabout..........................086
ラウンドアバウト

Close To The Edge IV. Seasons Of Man...094
危機　人の四季

Soon
from "The Gates Of Delirium"..................103
スーン（錯乱の扉）

Emerson, Lake & Palmer ———————————— 112
エマーソン、レイク＆パーマー

Tarkus
f) Battlefield.......................................114
タルカス f) 戦場

Promenade
from "Pictures At An Exhibition"..............121
プロムナード（展覧会の絵）

Karn Evil 9
c) 3rd Impression 128
悪の教典＃9　c. 第3印象

Contents

GENESIS — 136
ジェネシス

The Musical Box 138
ザ・ミュージカル・ボックス

Watcher Of The Skies 146
ウォッチャー・オブ・ザ・スカイズ

Cuckoo Cocoon 155
カッコー・コクーン

Land Of Confusion 161
混迷の地

Part 2

U.K.
U.K.

In The Dead Of Night 172
イン・ザ・デッド・オブ・ナイト（闇の住人）

Asia
エイジア

Heat Of The Moment 180
ヒート・オブ・ザ・モーメント

Van Der Graaf Generator
ヴァン・ダー・グラフ・ジェネレーター

Killer 188
キラー

Jethro Tull
ジェスロ・タル

Thick As A Brick 197
ジェラルドの汚れなき世界（パートⅠ）

The Moody Blues
ムーディー・ブルース

The Night：Nights In White Satin............206
夜〈サテンの夜〉

Column

▶ 現実化するディストピアへの反抗　　　　　　　040
▶ 漂流するシド・バレットの精神　　　　　　　　042
▶ デヴィッド・ギルモアと"言葉"　　　　　　　　043
▶ 変遷するピート・シンフィールドの言葉　　　　082
▶「Owner Of A Lonely Heart」が描いた新たな肯定　110
▶ 拡大するピーター・ガブリエルの視点　　　　　167
▶ プログレッシヴ・ロックと SF　　　　　　　　168

おわりに 213

主要参考文献 214

インタヴュー
翻訳家に訊くプログレの歌詞世界
通訳・翻訳　川原真理子さん 216

◎著者略歴
円堂都司昭（えんどう・としあき）
1963 年生まれ。文芸・音楽評論家。著書に『YMO コンプレックス』、『ソーシャル化する音楽』、『エンタメ小説進化論』、『戦後サブカル年代記』、『ディストピア・フィクション論』。共著に『バンド臨終図巻』など。

はじめに

　1曲が長い、曲調が何度も変化、ジャズやクラシックの影響、変拍子——それが、プログレッシヴ・ロックだ。1960年代後半〜1970年代が最盛期だったプログレには、従来の単純明快なロックンロールとは異なる複雑さがあった。歌詞にも物語仕立て、社会的テーマのコンセプトなど凝った内容が目立った。

　本書＝『意味も知らずにプログレを語るなかれ』は、小出斉『意味も知らずにブルースを歌うな！』＆『意味も知らずにロックンロールを歌うな！?』、川嶋未来『意味も知らずにヘヴィメタルを叫ぶな！』に続くシリーズ第4弾だ。いつもはただサウンドとして楽しんでいる英語詞の意味を考えてみようという姿勢は、本書も共通している。

　ただ、プログレでは、音だけでなく言葉、ジャケットも含めトータルな作品だとして、デザインまでコンセプトと連動している例が多い。作品の物語やテーマを言葉で全部語るのではなく、インストゥルメンタルで場面や感情を表現することもよく行なわれた。だから、曲の詞の読み解きでは、デザインや演奏との関係、アルバムでの位置づけも視野に入れるようにした。

　プログレの長い曲では言葉数が増える。そんな詞を書くのは、文学趣味を持つアーティストが多い。だから、どんな小説や詩から影響を受けたのか、なるべく触れるようにした。私は音楽だけを対象とする書き手ではなく、文庫解説などを執筆する文芸評論家でもある。音楽のなかで特に歌詞に注目する本書ではそれを文芸の一種と扱い、小説や評論を考察するのと同じ態度で臨んだ。また、ロックの翻訳や通訳を行なっている川原真理子さんにプログレの詞についてうかがったインタヴューを収録した。あわせてお読みいただきたい。

　本書はシリーズの一冊だから『意味も知らずに〜な』という強めのタイトルを踏襲しているが、これはまぁジョークだ。正直な話、

プログレにはよくわからない詞もある。作詞者はあれこれ意図を語るけれど、ともに演奏するメンバーは理解しているのか。イエスの場合、クリス・スクワイア（b）がジョン・アンダーソン（vo）の詞は意味不明と揶揄し続け、バンドでは最終的にアンダーソンよりスクワイアのほうが人事権を持っていた。ピンク・フロイドではリチャード・ライト（key）が「フロイドにとって歌詞はそれほど大事なものじゃないんだ」と音楽誌にコメントして作詞者ロジャー・ウォーターズ（b、vo）を怒らせ（マーク・ブレイク著『ピンク・フロイドの神秘』）、2人の確執の一因になった。

　歌を一緒に録音した人間ですらそうなのだから、メンバー交代で後から加入したとなると……。キング・クリムゾンでは、観客から初期の名曲「The Court Of The Crimson King／クリムゾン・キングの宮殿」（『In The Court Of The Crimson King／クリムゾン・キングの宮殿』収録：1969 年）を要求されるのにうんざりしたバンドが、典雅な詞のイメージとは反するブルース調に崩して嫌味な演奏をした（1971 年デトロイト公演）。当時のドラマー、イアン・ウォーレスは後に「In The Court Of The B. B. King」と題すればよかったなどと語っている。実は、詞への理解が一枚岩でなくたって面白い演奏ができてしまうところも、バンドの魅力だったりする。

　そうしたことを踏まえたうえで、複雑な曲構成、高度な演奏テクニック、不思議なデザインといったパズルみたいな要素が揃ったプログレに、なぞなぞのような歌詞もあるのだから、解いて遊んでみませんかというのが本書の基本的な立場である。

　紳士淑女のみなさん、終わりなき言葉のショーへようこそ！

円堂都司昭

Part 1
プログレッシヴ・ロックを形作った5大バンドの歌詞世界

自己、彼我、現実、様々に現れる"壁"
Pink Floyd ——————— 010
ピンク・フロイド

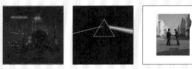

混乱/序章、戦慄/テーマ、暗黒/終章
King Crimson ——————— 044
キング・クリムゾン

自己探求、自己変革の物語
Yes ——————————— 084
イエス

幻想、SF、現実から成る"三位一体"
Emerson, Lake & Palmer
エマーソン、レイク&パーマー ——————— 112

怪奇と幻想の狭間で自己を見つめる"月影の騎士"
Genesis ——————————— 136
ジェネシス

PINK FLOYD

ピンク・フロイド

PINK FLOYD

夜明けから永遠に至る
プログレッシヴ・ロックの"道"の開拓者

　1967 年にデビューしたピンク・フロイドは独特なサイケ・ポップで注目されたが、中心人物シド・バレット（vo、g）が心を病み奇行を繰り返した。このため翌年に彼は脱退し、残ったロジャー・ウォーターズ（b、vo）、リチャード・ライト（key）、ニック・メイスン（d）と、バレット変調後からサポートに加わっていたデヴィッド・ギルモア（g、vo）でバンドを継続。コンセプチュアルな作風を確立し、『The Dark Side Of The Moon ／狂気』(1973 年) が大ヒットする。4 人はアイディアを持ち寄る民主的体制だったが、次第にウォーターズは支配欲を強めていく。妻同士の不仲もあってメンバーの関係は悪化し、『The Wall』(1979 年) 制作中にライトは解雇され、ツアーではサポートの身分に降格された。『The Final Cut』(1983 年) ではもう一人の主要メンバー、ギルモアも脇に追いやられ、ほとんどウォーターズのソロと化す。その後、ギルモア、ウォーターズともソロ作を発表したが目立つ成果は得られず、ギルモアがフロイド新作の制作を提案したのに対し、ウォーターズは拒否して脱退を表明。ウォーターズはそれによってバンドを解散したつもりだったが、ギルモアはメイスンと 2 人でフロイドを再始動させ、ライトも招き入れた。ウォーターズがバンド名の使用差し止めを請求するなど双方の対立は激化する。新生フロイドの『A Momentary Lapse Of Reason ／鬱』(1987 年) とツアーは商業的成功を収め、結局、ギルモア側がバンド名の使用権を認められた。ウォーターズのほうは、一部の権利を保有できただけだった。2005 年の"ライヴ 8"では黄金期 4 人の再結成が実現したものの 1 日限りにとどまる。2008 年にライトは病死し、2014 年に彼の存命時のセッションを発展させたフロイド新作『The Endless River ／永遠 (TOWA)』が発表されたが、ウォーターズはやはり不参加だった。

◀左ページ写真：左より、デヴィッド・ギルモア、ロジャー・ウォーターズ、ニック・メイスン、リチャード・ライト

11

Arnold Layne

アーノルド・レーン

"幻想"と"幻覚"の狭間で語られる倒錯者の日常

　1967年3月に発売されたピンク・フロイドのデビュー・シングルが「Arnold Layne」だった。当時は、ヴォーカルでギター担当だったシド・バレットがフロイドの中心であり、バンドの大部分の曲と詞を彼が書いていた。デビュー曲の詞も当然、シドによるものだ。

　　アーノルド・レーンには変わった趣味があった
　　服を集めることさ
　　月に照らされた物干しロープ
　　彼に似あうものばかり

　　壁には大きな姿見がかかっていた
　　歪んで映っているのは
　　シースルーの青い衣裳
　　彼のお気に入りさ

　夜に出歩いて女性ものの服を盗み、それを身に着けた自分の姿を鏡に映してうっとり。アーノルド・レーンとは、そういう男である。しかも、布が透けているのだ。本人は満足しているけれど、詞のほうは鏡に映った姿は歪んでいるとツッコミを入れる内容になっている。だから、コミカルにも感じられる。

　　ああ　アーノルド・レーン
　　1つにはならないんだ　2つなんだよ
　　なぜわからないんだ

この部分は、ちょっと謎めいている。同じ1つのもの（the same）ではなく2つ（two）なのだという。いくら男が女装しても両性具有にはなれない。前後の文脈から判断すると、そのような意味にとれる。

　彼は、いつまでも趣味の世界に生きてはいられなかった。

　　　結局　彼は捕まった　汚らわしい人間だったから
　　　懲役刑が与えられた
　　　ドアがバタンと締まり　鎖につながれた
　　　彼は嫌がってたけれど

　　　もうそんなことをしてはいけないよ

　オチがついてチャンチャンと終わる。ただ、曲のなかで罪は罰せられるというのに、やはり不謹慎な詞と判断されたのだろう。ラジオ局の一部で放送禁止に指定された。盗みは確かに犯罪だけれど、LGBTへの理解が多少は進んだ現在なら、異性装への忌避感のほうはかつてほど強くないかもしれない。その意味では、時代の性意識が反映された作品でもある。

　女装フェチを主人公にしたことには、元ネタがあった。バレットの母と、彼の脱退後にバンドのリーダーとなるロジャー・ウォーターズ（b、vo）の母が、いずれも近隣の女子大の学生を下宿させており、洗濯もののブラジャーやパンティがよく盗まれたのだという。アーノルドのような人物が、実際に徘徊していたわけだ。

　フロイドは「Arnold Layne」から3ヵ月後の6月にセカンド・シングル「See Emily Play」をリリースしている。それは情緒不安定な若い女性を主人公にした歌だったが、ファースト・シングルの題材が女装だったし"Play"にエロティックなニュアンスを読みとったからか、初期の邦題は「エミリーはプレイガール」とされていた。とはいえ、その詞を実際に読んでみるとさほど性的に感じられないし、

バレットはエロティックであることにこだわっていたわけでもない。

　同年 8 月にいよいよ発表されたファースト・アルバム『The Piper At The Gates Of Dawn ／夜明けの口笛吹き』で彼の嗜好が明らかになった。同作はバレットの文学趣味、ファンタジー好きが表れた詞とサイケデリックなサウンドの合体であり、"幻想ミーツ幻覚"的な内容だった。

　アルバム・タイトルは、ケネス・グレアムの童話『たのしい川べ』の章題に由来し、「Gnome ／地の精」は 1960 年代に人気だったトールキンのファンタジー小説『指輪物語』（映画『ロード・オブ・ザ・リング』の原作）、「Scarecrow ／黒と緑のかかし」はジェーン・ウィルソンの童話にヒントを得ていた。また、「Matilda Mother」は最初は作家ヒレア・ベロックの詩から発想された曲だったが、遺族が使用を許可しなかったのでバレットが別の詞を書いてレコーディングしたという。さらに「Chapeter 24 ／第 24 章」は、中国の『易経』に基づいたものだった。

　詞の傾向としていえるのは、「Gnome」の地の精、「Scarecrow」のかかし、「Matilda Mother」の子どもにお話しを聞かせるお母さん、「Lucifer Sam」の猫など、特定のキャラクターを核にしたものを得意にしたことだ。「See Emily Play」や「Lucifer Sam」は、バレット周辺にいた実在の女性のイメージが投影されているとも噂されてきた。だが、モデルが誰か、いるのかいないのかとは関係なく、曲のなかのキャラクターはひとり歩きしている。

　身近に転がっていた実話から発想した「Arnold Layne」も同じことである。バレットの夢を見ているような甘い声で歌われると、悪気はないのに普通ではない趣味に走ってしまう、どこか間抜けで憎めないキャラクターが思い浮かぶ。盗み癖のある女装フェチ男が、ファンタジーか童話の登場人物のように感じられてくるのだ。

　一方、フロイドのデビュー・アルバムの 2 ヵ月前に発売されたザ・ビートルズ『Sgt. Pepper's Lonely Hearts Club Band』を 1 つの

契機として、アルバムという器が重視されるようになるのは、もう少し後の時代である。1967年の音楽界は、まだシングルを中心に回っていた。それに対し、ピンク・フロイドはバンドとして「Intersteller Overdrive ／星空のドライブ」に代表される雰囲気重視の長尺ジャムを展開する一方、バレットにコンパクトなポップ・ソングを作る才能があった。歌のなかにイメージしやすいキャラクター、興味を引くシチュエーションが設定され、それを中心に曲がまとまっている。そのうえ「Arnold layne」には、わかりやすいオチまでついていた。シングル向きの曲だったのだ。

　ウォーターズがリーダーになってからの「Echoes」(『Meddle ／おせっかい』収録:1971年) や「Atom Heart Mother ／原子心母」(同名アルバム収録：1970年) のような組曲や『The Dark Side Of The Moon ／狂気』(1973年) 以降のコンセプト・アルバムといったプログレ路線は敬遠するが、バレット時代のサイケ・ポップは好きという人も少なくない。デヴィッド・ボウイもバレット好きの1人だった。カヴァー集『Pin Ups』(1973年) で「See Emily Play」を選曲したほか、バレットが亡くなった2006年にはデヴィッド・ギルモア（g、vo）、リチャード・ライト (key) とともに「Arnold Layne」を披露している。

　バレットからウォーターズへ、そしてギルモアへというリーダーの交代に伴う長年の音楽的変化が、結果的にフロイドのファン層を広げていったのだった。

Arnold Layne

Words&Music by Syd Barrett

Arnold Layne had a strange hobby

Collecting clothes

Moonshine washing line

They suit him fine

On the wall hung a tall mirror

Distorted view, see through baby blue

Oh, Arnold Layne

It's not the same, takes two to know

Two to know, two to know

Why can't you see?

Arnold Layne, Arnold Layne,

Arnold Layne, Arnold Layne

Now he's caught - a nasty sort of person

They gave him time

Doors bang - chain gang - he hates it

Oh, Arnold Layne

It's not the same, takes two to know

Two to know, two to know

Why can't you see?

Arnold Layne, Arnold Layne,

Arnold Layne, Arnold Layne

Don't do it again

© by DUNMO MUSIC PUBLISHING CO LTD
International copyright secured. All rights reserved.
Rights for Japan administered by PEERMUSIC K.K.

収録アルバム
『Relics／ピンク・フロイドの道』

◎収録曲
① Arnold Layne
② Interstellar Overdrive
③ See Emily Play
④ Remember A Day
⑤ Paint Box
⑥ Julia Dream
⑦ Careful With That Axe, Eugene
⑧ Cirrus Minor
⑨ The Nile Song
⑩ Biding My Time
⑪ Bike

◎発表年
1971年（シングル「Arnold Layne」としては1967年）

◎参加メンバー
シド・バレット（vo、g）
ロジャー・ウォーターズ（vo、b）
ニック・メイソン（d、per）
リック・ライト（org、p、mellotron、vo）
デヴィッド・ギルモア（vo、g：⑥〜⑩）

◎プロデュース
ピンク・フロイド、ノーマン・スミス

サイケデリックからプログレへと至る道程

　デビュー・シングルの①は「Candy And A Currant Bun」をB面にして1967年3月にリリースされた。同曲と次のシングル③という初期のヒットはアルバムには未採用だったが、『Relics／ピンク・フロイドの道』でまとめて聴けた。このコンピレーションは『The Piper At The Gates Of Dawn／夜明けの口笛吹き』（1967年）、『A Saucerful Of Secrets／神秘』（1968年）、『More』（1969年）という最初期から選曲され、『Ummagumma』（1969年）でライヴ版が披露済みだった⑦や、⑤⑥といったシングルB面曲、未発表曲⑩も収録している。レア音源集であると同時にバレットからギルモアへの交代期をとらえており、往年のファンに重宝された企画盤だ。ギタリストとしてのバレットは、空間の色合いを変える効果音的なプレイが特徴だった。ギルモアはその姿勢を継承しつつ、前任者以上にハードな面も見せた。また、この頃のサウンドをポップなものにしていたのは、ライトのキーボードである。

Eclipse

狂気日食

すべての調和と陰り
大作を締めくくる反復の高揚感

　ピンク・フロイドの代表作であり、プログレ界で最大のヒット作
『The Dark Side Of The Moon ／狂気』(1973 年) のラストを締
めくくるのが、「Eclipse ／狂気日食」だ。彼らは以前にも「Atom
Heart Mother ／原子心母」、「Echoes」とアナログ盤で片面全部を
占める大曲を発表していたが、1 つのコンセプトに基づいてアルバ
ム全体を 1 つの組曲にしたのは、これが初めてだった。制作の中心
となったロジャー・ウォーターズは、作品の方向性について「他人
への感情移入」などと語っている。

　心臓の鼓動の効果音 (「Speak To Me」) からスタートする組曲は、
命の誕生 (「Breath ／生命の息吹」)、時間 (「Time」)、金 (「Money」)、
敵と味方の分断 (「Us And Them」)、狂気 (「Brain Damage ／狂
人は心に」) など、人間社会にまつわることがらを歌っていく。そして、
最後に流れるのが「Eclipse」である。アルバムが『The Dark Side
Of The Moon』と正式に命名される前、一時期はこの曲名がタイト
ルとして告知されもした。エンディングにふさわしく、それまでの曲
で歌われたテーマの数々をとりまとめる役割を果たしている詞だ。

　　　君が手に触れるものすべて
　　　見るものすべて
　　　味わうものすべて
　　　感じるものすべて
　　　愛するものすべて
　　　憎むものすべて
　　　疑うものすべて
　　　蓄えているものすべて

PINK FLOYD Eclipse

　　　与えるものすべて
　　　売るものすべて
　　　買ったり　請い願ったり
　　　借りたり　盗んだりしたすべて

　要するに、人間に関するものごとをすべて数えあげようとした内容
なのである。とにかく「すべて」をとらえようとしているのだから、
詞はまだまだ続く。

　　　創るものすべて
　　　壊すものすべて
　　　行なうことすべて
　　　言うことすべて
　　　食べるものすべて
　　　出会う人間全員
　　　侮っているものすべて
　　　戦う相手全員
　　　今あるものすべて
　　　過ぎ去ったものすべて
　　　来たるべきすべて

　ここまで数えあげた末にようやく、ひねりの効いた結末がやってく
る。

　　　あらゆるものが太陽の下で調和している
　　　しかし　太陽は月に侵食されていくのだ

　地球の人類を見下ろすごとく空で輝き、私たちを暖めてくれても
いる太陽が、日食によって欠けていく光景で組曲は終ろうとする。

21

生命の基盤が脅かされそうな、不安なイメージである。

　しかし、アルバムには、「あなたは死を恐れていますか?」、「最近、暴力的になったのはいつですか?」といったインタヴューに答えた様々な人々の声がところどころに挿入されていた。普通の人の正直な言葉を作品に盛りこんだわけだ。「Eclipse」の歌が終了した後には、レコーディングに使ったアビイ・ロード・スタジオで雑用係だったアイルランド人、ゲリー・オドリスコルの次のセリフが聞こえてくる。

「月には本当は影の部分なんてないよ。ただ真っ暗なだけさ」

　不安感を演出したうえで、全部が冗談だったみたいにちゃぶ台返ししてしまうシニカルな終わり方だ。人間について真面目に考えるだけでなく、この種のユーモアも交えたことで曲のニュアンスが膨らみ、アルバムを受けとる側の解釈の幅が広がった。

　初期のピンク・フロイドは、サイケデリックなサウンドと照明や映像を効果的に使ったステージで、スペース・ロックなどと呼ばれた。宇宙感覚のロックということだ。デビュー・アルバム『The Piper At The Gates Of Dawn』の1曲目が、木星、土星、海王星と、星々が詞で歌われる「Astronomy Domine ／天の支配」だったことも、スペース・ロックのイメージを強めただろう。

　一方、「Eclipse」も日食という幻想的な空の変化が題材になっている点は、スペース・ロック的である。だが、同曲において太陽と月が登場するのは、その下で暮らす人々について歌うためだ。詞は、空を見上げる人間というよりは、空の上から人類を観察するような視点で書かれている。初期の幻想的で幻覚的な音楽から、現実の問題と向きあったコンセプトに基づく音楽へ。フロイドのその転換点を象徴する曲である。

　ウォーターズは、他人に関する曲を書き始めたのは『Meddle ／おせっかい』(1971年)の「Echoes」だとも述べていた。人と人の

かかわりを歌った同曲も、空を飛ぶあほうどり（albatross）の描写から始まっており、人々を見下ろす俯瞰の視点ということでは、「Eclipse」の先行作といえる詞だった。

　また、「Eclipse」の特徴となっているのが、"All that you ～"というフレーズの繰り返しである。詞に限らず曲のほうも、ウォーターズはリフレインを得意にしている。そもそも彼が作曲家として開眼したナンバーであり、ソロになってからもたびたび演奏した「Set The Control For The Heart Of The Sun ／ 太 陽 讃 歌 」（『The Saucerful Of Secrets ／神秘』収録：1968 年）も、陰鬱なリフを軸にしていた。

　ギター・リフを筆頭にフレーズの反復は、ロックの基本である。ただ、フロイドの場合、普通以上に執拗に続くリフでリスナーをじらし、溜めに溜めてから変化することでカタルシスを与えるのを必殺技にしている。「Echoes」にもベースの反復が長々続くパートがあったし、後の『The Wall』（1979 年）にも同様の発想のアレンジが見られた。

　ウォーターズは、この方程式を作詞にも応用している。『Atom Heart Mother』（1970 年）に収録された「If ／もしも」の"If I were ～"の繰り返しがそうだったし、後には『Animals』（1977 年）のアナログ A 面を占めた大曲「Dogs」の終盤で"Who was ～"を何度も反復し、テンションを上昇させていった。フロイドの音楽をドラマチックにしたのは、リフレインの手法だったのである。そのなかでも、人間の営みという大きなテーマを扱った『The Dark Side Of The Moon』組曲の大団円としての「Eclipse」は、最大の成功例と言えるだろう。

Eclipse

Words&Music by GEORGE ROGER WATERS

All that you touch
And all that you see
All that you taste
All you feel

And all that you love
And all that you hate
All you distrust
All you save

And all that you give
And all that you deal
And all that you buy,
Beg, borrow or steal

And all you create
And all you destroy
And all that you do
And all that you say

And all that you eat
And everyone you meet
And all that you slight
And everyone you fight

And all that is now
And all that is gone
And all that's to come
And everything under the sun is in tune
But the sun is eclipsed by the moon.

There is no dark side of the moon, really.
Matter of fact, it's all dark.

© ROGER WATERS MUSIC OVERSEAS
Permission Granted by FUJIPACIFIC MUSIC INC.
Authorized for sale in Japan only.

収録アルバム
『The Dark Side of the Moon／狂気』

◎収録曲
① Speak To Me
② Breathe
③ On The Run
④ Time ～ Breathe (Reprise)
⑤ The Great Gig In The Sky
⑥ Money
⑦ Us And Them
⑧ Any Colour You Like
⑨ Brain Damage
⑩ Eclipse

◎発表年
1973年

◎参加メンバー
ロジャー・ウォーターズ（vo、b、synth、tape effects）
デヴィッド・ギルモア（vo、g、synth）
ニック・メイソン（d、per、tape effects）
リック・ライト（org、p、mellotron、synth、vo）

◆

ディック・パリー（sax）

クレア・トリー（vo）
ドリス・トロイ（cho）
レズリー・ダンカン（cho）
リザ・ストライク（cho）
バリー・セント・ジョン（cho）

◎プロデュース
ピンク・フロイド

ロック史に残る不滅の金字塔

　加入直後は手探りだったギルモアも、やがてブルージーなフレーズで個性を発揮し始める。1972年のツアーでは1月から新曲が一部披露され、2月から本作の原型となる組曲が演奏され、内容が練られていった。その過程で初期から変更された部分がある。バンドの即興演奏「The Travel Sequence」だった③は、シーケンサーのサウンドに走り回る足音を重ねたものになった。ハモンド・オルガンと聖書の朗読などのSEだった「The Mortality Sequence」は、クレア・トリー（vo）のスキャットが見せ場となる⑤に生まれ変わっている。完成した組曲ではエモーショナルなギターに女性コーラスやサックスも加えられた。それらのブラック・ミュージック的な要素が、わかりやすさになったのだ。一方、キャッシュ・レジスターの音をリズムに合わせて切り貼りした⑥のイントロなど、ギミックの面白さもある。そして、耳を楽しませる工夫をした本作は、大ヒットする。

Wish You Were Here

あなたがここにいてほしい

一変した世界で思い起こす
去ってしまった友への哀惜

『The Dark Side Of The Moon』の巨大な商業的成功は、次の
アルバム制作に向けてメンバーに重いプレッシャーを与えることに
なった。バンド内の人間関係も悪化し、ウォーターズは当時のスタ
ジオは「あなたがここにいてほしくない」という雰囲気だったと自嘲
的にふり返っている。紆余曲折の末、彼らが次作『Wish You
Were Here／炎〜あなたがここにいてほしい』（1975年）のテーマ
に選んだのは、自分たちについてだったといえる。文学で喩えれば、
私小説的な作品なのだ。

収録作をみると、ゲストのロイ・ハーパーに歌わせた「Have A
Cigar／葉巻はいかが」は音楽業界を皮肉った内容で、機械文明
のディストピアを連想させる「Welcome To The Machine／よう
こそマシーンへ」も業界の暗喩だった。また、アルバムの最初と最
後で第1部（パート1〜5）と第2部（パート6〜9）に分けられ
た「Shine On You Crazy Diamond／クレイジー・ダイアモンド」
とタイトル曲の「Wish You Were Here／あなたがここにいてほし
い」はどちらも、オリジナル・メンバーで初期のリーダーだったシド・
バレットを意識した曲だった。このアルバムでは、全曲の詞をウォー
ターズが書いている。

「Arnold Layne」、「See Emily Play」のシングル・ヒットや、デ
ビュー作『The Piper At The Gates Of Dawn』によってピンク・
フロイドが注目された後、バレットは2作目の『A Saucerful Of
Secrets』制作中にバンドを去ることになった。成功に伴うプレッ
シャーと薬物依存で精神に変調をきたしたためだ。彼の不在をギル
モアの加入で補ったフロイドはプログレ路線に転換し、傑作『The
Dark Side Of The Moon』を生みだすに至った。そして、成功後

のプレッシャーに襲われた彼らは、過去のバレット脱退の顛末をあらためて思い出さないではいられなかったのだろう。

バレット作のデビュー・シングル「Arnold Layne」では、女装フェチで盗み癖のあるアーノルド・レーンが、最後は捕まって囚人になった。一方、「Shine On You Crazy Diamond」でダイヤモンドに喩えられたバレットは、殉教者、絵描き、笛吹きなどと表現され、囚人ともいわれる。同曲は、なにを考えているか理解できないが、魅力的で忘れられない昔の友人への讃歌だった。そして、バレットへの思いが、よりナイーヴに歌われたのが「Wish You Were Here」だった。

「なるほど　君はわかっているつもりなんだ／天国と地獄を／青空と苦痛を／緑の平原と冷たい鉄のレールを／見分けられるのかい／微笑とベールを／見分けられると思っているのかい？

そして　彼らは君に強いたんだ／英雄と亡霊を／熱い灰と樹々を／熱い空気と涼しい風を／寒々しい安心と小銭を交換するように／その結果　君は戦いの端役として歩むより／檻の主役になることを選んだわけだ」

ここでは、人がどのようにして狂っていくかが、詩的な比喩で語られている。ものごとの区別がつかなくなっていった君は、自分の檻に閉じこもってしまう。

アルバムのレコーディング中、なぜかバレットがスタジオにやって来たという逸話は有名である。前触れなく現れた彼は、眉をそり落としていたのに加え、かなり肥っており、かつての甘いマスクとはほど遠い状態だった。初期のバンドの英雄が、亡霊のように変わり果てていたのである。したがって、はじめは誰だかわからず、彼の精神状態も悪いままだったためメンバーとまともな会話は成り立た

なかったそうだ。この話を知ったうえで次の一節を聴くと胸がしめつけられる。

「ああ　本当に／君がここにいてくれたらいいのに／僕らは金魚鉢の中で泳ぐばかりの／迷える２つの魂／何年もの間／変わりばえのしない地べたで走り続けている／それで僕らはなにを見つけたというのか／昔と変わらない恐怖だよ／君がいてくれたらいいのに」

　"金魚鉢の中で泳ぐ"という一節からは、「Have A Cigar」や「Welcome To The Machine」で歌われた業界の息苦しさに通じる感覚が伝わってくる。この息苦しさが、彼らを狂わせようとする。
　また、"迷える２つの魂"という一節からは、作詞者のウォーターズがバレットと自分を重ねあわせていることがうかがえる。ウォーターズは以前にも「If」、「Brain Damage」で狂気をテーマにした曲を書いていた。「Shine On You Crazy Diamond」、「Wish You Were Here」も含め、それらがバレットを意識して書かれたのは確かである。だが、バレットを鏡にして自分のなかにある狂気を認め、人間一般に潜む狂気を考えることにもなっていた。一連の曲の延長線上で狂えるロック・スター"ピンク"を主人公にしたストーリー・アルバム『The Wall』が構想されることにもなった。
　また、スタジオ録音の「Shine On You Crazy Diamond」はウォーターズ、「Wish You Were Here」はギルモアがそれぞれリード・ヴォーカルだったが、脱退してソロになったウォーターズ、ギルモアがリーダーとなったフロイドは、いずれも両曲をライヴ・ツアーで歌っていた。さらに、2005年開催のLIVE 8で24年ぶりにウォーターズがギルモアたちと再合流し、一時的な再結成が実現した。20分強だったその時のセットリストでも「Wish You Were Here」が選曲され、リード・ヴォーカルをギルモアとウォーターズで分けあっていた。不在になったバレットの存在が、残されたフロイドのメンバー

たちの精神をつなげているようなところがあったのだ。

　ウォーターズは、バレットの狂気を１つの手がかりにして人間について考えるようになり、コンセプト重視の思索的な音楽作りへと歩んでいった。これに対しギルモアは、バレット中心だった初期のバンドが、照明や映像とともにジャム・セッションを行なったような、ヴィジュアルとサウンドの総合的な効果によって特定のムードを作りあげていくショーの面白さを継承した。

　２人とも自分の個性に応じて、バレットが持っていた要素を受け継いだのである。その意味では、ウォーターズとギルモアの"あなたがここにいてほしい"という思い方には違いがあったし、２人そろったフロイドの再結成が１回限りで終わるのはしかたないことだった。彼らはバレットに対して"あなたがここにいてほしい"と思っても、お互いに対してそう思うことはなかったのである。

※著作権の都合上、原詞は掲載しておりません。ご了承ください。

収録アルバム
『Wish You Were Here／炎〜あなたがここにいてほしい』

◎収録曲
① Shine On You Crazy Diamond (Parts I-V)
② Welcome To The Machine
③ Have A Cigar
④ Wish You Were Here
⑤ Shine On You Crazy Diamond (Parts VI-IX)

◎発表年
1975年

◎参加メンバー
ロジャー・ウォーターズ（vo、b、g、synth、tape effects）
デヴィッド・ギルモア（vo、g、synth、tape effects、b）
ニック・メイソン（d、per、tape effects）
リック・ライト（org、p、synth、vo）

ディック・パリー（sax）
ロイ・ハーパー（vo）
ヴェネッタ・フィールズ（cho）
カーリーナ・ウィリアムズ（cho）

◎プロデュース
ピンク・フロイド

◆

美しくも儚いダイヤモンドの輝きと影

　1974年のツアーでは『Animals』（1977年）の「Dogs」、「Sheep」になる「You've Got to Be Crazy」、「Raving and Drooling」が新たに披露されたが、本作への収録は見送られた。ギルモアが弾いた4つの音の哀しさから発展したもう1つの長尺の新曲が分けられて①、⑤になり、本作の大枠を形作ることになった。したがって彼のギターを堪能できるアルバムだが、⑤後半でのキーボードなどライトも存在感を発揮している。②が無機的なシンセで業界の非人間性を表現する一方、ラジオをチューニングする音からトリッキーに始まる④がアコギを使ったカントリー風であるなど、場面ごとの音色変化がドラマチックだ。①のイントロには、幻に終わった楽器を使わないアルバム「Household Objects」のマテリアルからもワイン・グラスの音を使用。ただ、③のヴォーカルをロイ・ハーパーに任せたことに関しウォーターズは、メンバーが歌うべきだったと後に悔いている。

Another Brick In The Wall, Part 2

アナザー・ブリック・イン・ザ・ウォール (パート2)

分断の象徴たる"壁"
それを生み出す"レンガ"への警鐘

　アルバム・アーティストだったピンク・フロイドが、1979年に初のシングル・チャート1位を獲得したのが、「Another Brick In The Wall, Part 2」だった。ヒットの原因としては、学校へ通った経験を持つ人なら誰でも一度は感じたことがある教育への不満をぶちまけたことが上げられる。まず、ウォーターズとギルモアが歌う。

> 俺たちに教育など不要だ
> 思想統制など不要だ
> 教室に陰険な皮肉なんかいらない
> 教師たちよ　子どもたちを放っておくのだ
> やい　教師どもっ！
> 子どもたちを放っとけっつうんだよ！
> なにもかも　壁のレンガの1つにすぎない
> みんながみんな
> お前だって壁のレンガの1つにすぎない

　フロイドが偉かったのは、ただ第三者的に批判を歌うだけでなく、学校教育を受けている最中の子どもたちを集め、合唱させたことだ。同じ詞を繰り返すだけでも、実際の現場の当事者が歌えばニュアンスが変わってくる。本気の不満が伝わってくる。

> 僕らに教育なんかいらない
> 洗脳なんていらない
> 教室で陰険な皮肉なんてやめてよ
> 先生　僕らを放っておいて

やい　先公っ！　放っといてくれ！
結局　あんたたちだって壁のレンガの1つでしかない
結局　あんたたちだって壁のレンガの1つでしかない

　"Hey,Teacher" と叫ぶ部分など、怒りが開放されるようで痛快だ。
　作詞したロジャー・ウォーターズ自身の人生を下敷きにしながら、
狂えるロック・スターの半生をまとめた2枚組アルバムが、『The
Wall』(1979年) だった。同作は1982年にアラン・パーカー監督
で『Pink Floyd The Wall』として映画化され、シングルになった
「Another Brick In The Wall, part 2」の場面では、主人公ピンク
が子ども時代の授業中に教師から叱られムチで打たれる。工場の製
造ラインのように生徒は1列で進まされ、機械で次から次へミンチ
肉へと挽かれていく。だが、ついに子どもたちは反乱を起こし、学
校を破壊しまくる。——というのは、主人公の空想にすぎなかったと
いう展開だった。

　アルバムでの「Another Brick In The Wall, Part 2」は、「Another
Brick In The Wall, Part 1」　〜「The Happiest Days Of Our
Live」から続くメドレーの1曲となっている。子どもを型にはめる授
業を行ない、教室では傲慢で威張っている教師が、家では肥った
妻に怒鳴られびくびくしていると直前の曲で歌われる。彼もまた、社
会という壁を作るレンガの1つでしかないと暴露されるわけだ。ただ、
『The Wall』における壁の比喩は、単純ではない。ウォーターズは、
壁という言葉に何通りもの意味を持たせている。

　アルバム・コンセプトの出発点は、前作『Animals』発表後のツアー
で起きた事件だった。1977年7月のモントリオール公演で騒ぎ続
けた前方の客に激怒したウォーターズは、ステージの縁まで行って
しゃがみ、相手の顔に唾を吐いた。パンク勃興の時期であり、セック
ス・ピストルズのジョニー・ロットンが、フロイドのロゴに " 大嫌い "
と加えたTシャツを着ていた話は知られている。大御所になったフ

ロイドは当時、新世代で攻撃的だったパンクに敵視されていた。だが、すでにキャリアを積んでいたウォーターズは、まるでピストルズのベーシストにありそうな客とのトラブルを起こしたのである。

　観客との間に壁があると感じた彼は、ライヴ会場で実際に壁を設けたらどうなるかと発想する。それは思いつきでは終わらず、『The Wall』発表後の全曲演奏ツアーにおいて、第1部では少しずつレンガを積み上げていき、第2部では完成した壁の裏側や上、前で歌い、最後は一気に崩すというスペクタクルなステージを披露した。

　同作の壁は、社会や個人心理の暗喩になっている。「Another Brick In The Wall, part 1」では、戦争に行ったまま帰ってこなかった父は、壁のレンガの1つでしかなかったと歌われる。映画版のなかには、飛行する多数の軍用機がアニメーションで描かれ、十字の形がそのまま墓に変わる場面があった。子どもを型にはめる学校だけでなく戦死を強いる軍隊も、個人を社会という壁を作るためのレンガとして扱う。そう表現している。

　また、父の戦死、息子を抑圧する母の描写は、ウォーターズの個人史を反映していた。「In The Flesh」では、主人公ピンクが歓喜する観客にファシストのごとくふるまい、同性愛者、ユダヤ人、黒人などのマイノリティを罵る。この展開はウォーターズが、唾はき事件を起こしたロック・スターの自分の傲慢さを誇張し、露悪的に自らを皮肉っているようにみえる。

　「Another Brick In The Wall, Part 2」のプロモーション・ヴィデオでも映画でも、ハンマー2つを組みあわせたデザインでナチスの鉤十字をパロディにしたマークを使っている。ピンクのライヴのファシズム的な熱狂を、ヒトラーが率いたナチスのイメージとオーヴァーラップさせたのだ。ナチス・ドイツが敗れ、第二次世界大戦が終結した後、世界はソ連中心の社会主義圏とアメリカ中心の自由主義圏が対峙する冷戦時代を迎え、ベルリンは壁で東西に隔てられた。したがって、独裁や戦争のモチーフを取りいれた『The Wall』

の壁は、ベルリンの壁のように社会の分断を象徴してもいた。

　冷戦の終焉でベルリンの壁は、1989 年 11 月に崩壊する。その記念としてフロイド脱退後のウォーターズは、1990 年 7 月にベルリンで『The Wall』のコンサートを催した。現地で再び壁を積み上げ、崩してみせたのである。多数のゲストが出演するなか、ウォーターズは「Another Brick In The Wall, Part 2」を半ズボンで小学生の制服風の衣裳を着たシンディ・ローパーに歌わせていた。

　近年のソロ・ツアーにおいてウォーターズは、「Pigs (Three Different Ones) ／ピッグ（三種類のタイプ）」（『Animals』収録：1977 年）でトランプの映像を使うなど、現アメリカ大統領への否を訴えている。差別発言で悪評高いトランプの目標といえば、移民を防ぐためメキシコとの国境に壁を作り、同国に費用を支払わせようというもの。今のウォーターズは『The Wall』の壁を、トランプの主張する壁とも重ねあわせている。

　一方、『The Wall』では狂ったピンクが、自分の内面に閉じこもる。彼は自意識を守る壁を壊され、本当の自分を晒される罰を受ける。この心理描写は、スターになったのに精神を病み引きこもったシド・バレットを意識したものだろう。

　しかし、『The Dark Side Of The Moon』の成功後、ウォーターズはバンドの暴君となり、『The Wall』ではリチャード・ライトを虐げゲスト扱いの地位に貶めたのだった。自伝的要素では本作の続編的内容であり、ほとんどウォーターズのソロ作と化した『The Final Cut』（1983 年）発表後、彼はバンドを解散させるつもりで脱退した。複数の意味を持たせた壁を批評的に扱った彼自身が、他のメンバーとの間に壁を作ってしまったのだ。この皮肉ななりゆきも『The Wall』を作った人らしいと言えるかもしれない。

Another Brick In The Wall, Part 2

Words&Music by GEORGE ROGER WATERS

We don't need no education
We don't need no thought control
No dark sarcasm in the classroom
Teachers leave the kids alone

Hey teacher leave us kids alone

All in all it's just another brick in the wall
All in all you're just another brick in the
wall

We don't need no education
We don't need no thought control
No dark sarcasm in the classroom
Teachers leave them kids alone

Hey teacher leave us kids alone

All in all you're just another brick in the
wall
All in all you're just another brick in the
wall

© by ROGER WATERS MUSIC OVERSEAS
Permission granted by FUJIPACIFIC MUSIC INC.
Authorized for sale in Japan only.

収録アルバム
『The Wall／ザ・ウォール』

◎発表年
1979年

◎参加メンバー
ロジャー・ウォーターズ（vo、b、g、synth）
デヴィッド・ギルモア（vo、g、b、synth）
ニック・メイソン（d、per、tape effects）
リック・ライト（org、p、synth、vo）、他

◎プロデュース
ボブ・エズリン、ロジャー・ウォーターズ、
デヴィッド・ギルモア

◎収録曲
Disc-1
① In The Flesh?
② The Thin Ice
③ Another Brick In The Wall, Part 1
④ The Happiest Days Of Our Lives
⑤ Another Brick In The Wall, Part 2)
⑥ Mother
⑦ Goodbye Blue Sky
⑧ Empty Spaces
⑨ Young Lust
⑩ One Of My Turns
⑪ Don't Leave Me Now
⑫ Another Brick In The Wall, Part 3
⑬ Goodbye Cruel World

Disc-2
① Hey You
② Is There Anybody Out There?
③ Nobody Home
④ Vera
⑤ Bring The Boys Back Home
⑥ Comfortably Numb
⑦ The Show Must Go On
⑧ In The Flesh
⑨ Run Like Hell
⑩ Wating For The Worms
⑪ Stop
⑫ The Trial
⑬ Outside The Wall

ロック・スターとなったウォーターズの葛藤

　1978年7月の新作に備えた会合でウォーターズは、「Bricks In The Wall」と「The Pros And Cons Of Hitch Hiking／ヒッチハイクの賛否両論」のデモを提示し、メンバーは前者を支持する。後者はバンド脱退後にウォーターズ初ソロ作（1984年）になり、選ばれた前者が2枚組の本作となった。長いインスト部分が見せ場になる大曲主義は棄てられ、短い曲を連ねたロック・オペラの形式をとっている。バンド内力学の変化でメイン・ヴォーカルの座をギルモアから取り上げたウォーターズが主役だ。彼とともにプロデュースを行なったギルモアは、ギターがアレンジのポイントであり続け一部のリード・ヴォーカルを任されたのに他2名は端役扱い。だが、マイケル・ケイメンがオーケストラ編曲を担当し、曲によってジェフ・ポーカロ（d）がドラム、ビーチ・ボーイズのメンバーがコーラスに参加するなどアレンジの完成度は高められた。シングル・ヒットしたDisc-1の⑤などポップな曲もある。

COLUMN

現実化するディストピアへの反抗

　ピンク・フロイド『Animals』(1977年)は、インテリのホワイト・カラーを犬、資本家を豚、労働者大衆を羊に喩えて社会を批判した作品だった。その意味ではバターシー発電所を写した有名なジャケット・デザインも、合理的知性、労働、資本といったもので階層化された社会をこの建物と空飛ぶ豚の組み合わせで象徴的に表していたといえる。アルバムにおいて、犬は鎖につながれて苦痛を感じながらも、他人の信頼を得ようと演技し続ける。臆病な羊は指導者に従順で、平穏に過ごすためにじっとしているのが処世術となっている。彼らは愚かではあるが、哀れさも描かれるのだ。それに対し、豚は仲間も裏切る卑劣なやつで、自慢げにふるまう姿が滑稽だととことん罵倒される。アルバムのコンセプトを主導したロジャー・ウォーターズは、近年のソロ・ツアーで同作から「Pigs (Three Different Ones)／ピッグ(3種類のタイプ)」を演奏する際、ステージ・セットの壁にアメリカのトランプ大統領の顔を映すという、あまりにもわかりやすい批判的演出を行なっていた。

　『Animals』が、ジョージ・オーウェルの小説『動物農場』(1944年)からヒントを得た作品であることは知られている。動物を擬人化して寓話的に社会を批判した手法をウォーターズは受け継いだのだ。ただ、双方のキャラクターの振り分けは異なっている。『動物農場』では人間にこき使われていた動物が革命を起こすが、権力を握った豚がやがて横暴になる。犬が警察となってそれを支え、羊は状況に流され、馬はただ勤勉に働き、ロバは知性はあるけれど行動しないといったぐあい。この小説は同時代のソ連におけるスターリン独裁を風刺していた。

　オーウェルはその後、ビッグ・ブラザーと呼ばれる独裁者が国民を監視し、検閲を徹底して使える言葉まで削減するディストピアを描いた『1984年』(1949年)を発表した。マスコミの批判的報道をフェイク・ニュースだと攻撃し、逆に自分たちの見解をオルタナ・ファクト(もう一つの事実)だと主張するトランプ政権が2017年に発足して以降、『1984年』が再注目され、あらためてベストセラーになったことは記

ピンク・フロイド
『Animals』(1977年)

デヴィッド・ボウイ
『Diamond Dogs』(1974年)

憶に新しい。『動物農場』、『1984年』は社会主義国家を批判しただけでなく、権力は腐敗し暴走しがちなものだという、政治に関する普遍的な現象を語っていた。だから、各国で長く読まれ続けているのだ。

　かつてデヴィッド・ボウイは『1984年』の舞台化を企画したがオーウェル未亡人の許可が得られず、軌道修正して『Diamond Dogs／ダイアモンドの犬』(1974年)を発表した。とはいえ、アルバムには「1984」、「Big Brother」といった『1984年』に直接関係した曲も収められていた。また、同小説が1984年に映画化された際、ユーリズミックスが『1984 (For The Love Of Big Brother)』というサントラを発表したというのに、本編にはほとんど使われなかったというエピソードもある。そして、プログレ界でこの物語と正面から取り組みアルバムにしたのが、リック・ウェイクマン『1984』(1981年)だった。ジョン・アンダーソン、チャカ・カーン、ティム・ライス(『Jesus Chris Superstar』、『Evita』など有名ミュージカルの作詞家として知られる)などをヴォーカルに起用し、ウェイクマンはディストピアを音で表現していた。

　一方、徹底した管理と監視で統制するオーウェル『1984年』に対し、睡眠学習と合法ドラッグがもたらす不安なき幸福感で国民が方向づけられるのがオルダス・ハクスリー『すばらしい新世界』(1932年)である。ディストピア小説のそれら2つの古典は、強権的な支配と快楽による支配で対照的であり、テレビが発達した現代に訪れたのはハクスリーの世界だと論じたのが、1984年の翌年に教育学者ニール・ポストマンが刊行した『愉しみながら死んでいく／Amusing Ourselves To Death』だった。ロジャー・ウォーターズは同書に影響され『Amused To Death／死滅遊戯』(1992年)を発表。それは、イラク戦争に関しテレビで盛んに流されたアメリカによる空爆映像がゲームみたいだと評された世相を批判する内容だった。ウォーターズはこうして、創作活動にオーウェルとハクスリー双方の観点を取り入れたわけだ。

リック・ウェイクマン
『1984』(1981年)

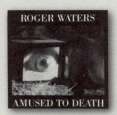
ロジャー・ウォーターズ
『Amused to Death』(1992年)

COLUMN

漂流するシド・バレットの精神

　ピンク・フロイド脱退後のシド・バレットは、オリジナル・アルバムを2作発表している。ロジャー・ウォーターズ、デヴィッド・ギルモアがプロデュースに名を連ね、ソフト・マシーンのメンバーが録音に参加した第1弾『The Madcap Laughs／帽子が笑う…不気味に』(1970年) の歌詞については、邦題に「ジェイムズ・ジョイス作の一篇より」と副題があった「Golden Hair／金色の髪」に文学趣味がうかがわれる。ジョイスは前衛小説『ユリシーズ』で知られ、バレットは彼の詩集『Chamber Music／室内楽』から引用して曲にした。だが、他の自作詞は、以前にはあったイメージの広がりや話としてのまとまりが見られない。かつてのサイケ・ポップからアシッド・フォークへ変化した『The Madcap Laughs』では、詞も素朴で気ままなものに変化した。「Love You」、「Long Gone／過ぎた恋」などは、人恋しさを素直に吐露したようなラヴ・ソングだ。ただ、「Octopus／タコに捧ぐ詩」、「Terrapin／カメに捧ぐ詩」(原題は食用亀の一種を指す) といった生き物が題材の詞に彼らしいユーモアが、かろうじて感じられる。

　第2作『Barrett／その名はバレット』(1970年) ではバレットを扱いかねたウォーターズが離脱し、リチャード・ライトがギルモアとともにプロデュースした。サウンドは多少フロイド風になったが、詞は前作の延長線上。「Rats」、「Effervescing Elephant／興奮した象」と生き物シリーズが続いたほか、「Baby Lemonade」、「Gigolo Aunt／ジゴロおばさん」の曲名にバレットらしいキャラクター設定が見られた。やはり特筆すべきは、きみとぼくがドミノ遊びをするうちに時間が過ぎる「Dominoes」だろう。酒、食事、ダンスで夏が終わる「Wined And Dined／夢のお食事」にも似た傾向は見られるが、無為にというべきか、夢の中なのか、バレットの精神が復調しないままただ時が移り変わっていく。そのことが反映された曲であり、哀しみの中にどこか純粋な美しさも含んでいる。以後に新作の企画や新バンド結成はあったがどれも頓挫し、彼は音楽界に戻らないまま2006年に没した。

シド・バレット
『The Madcap Laughs』(1970年)

シド・バレット
『Barrett』(1970年)

COLUMN

デヴィッド・ギルモアと"言葉"

　ピンク・フロイドが『Ummagmma』(1969年)でソロ曲コーナーを設けた際、デヴィッド・ギルモアはロジャー・ウォーターズに作詞の助力を断られた。詞をめぐる2人の苦手意識と優越感は、その頃芽生えたのではないか。ギルモアはソロ作の『David Gilmour』(1978年)などで他愛のない詞を書いたが、フロイドの作詞家としては力不足だった。彼がリーダーになった『A Momentary Lapse Of Reason／鬱』(1987年)は、妻との不仲のせいか哀しげな曲が多かった。だから「Yet Another Movie／空虚なスクリーン」の詞に空っぽのベッドが登場したのだが、多数のベッドを並べたジャケットでフロイド的なシュールなイメージに変換された。3曲の詞でアンソニー・ムーア(スラップ・ハッピー)の助力を得たのも大きい。飛行機が趣味のギルモアに飛翔する心理を意味ありげに歌わせた「Learning To Fly／幻の翼」、反戦の「The Dogs Of War／戦争の犬たち」、社会の傍観者を扱った「On The Turning Away／現実との差異」がフロイド風になった。ムーアが不足を補ったのだ。

ピンク・フロイド
『The Division Bell／対(TSUI)』
(1994年)

ピンク・フロイド
『The Endless River／永遠(TOWA)』(2014年)

　『The Division Bell／対(TSUI)』(1994年)では、離婚したギルモアの新パートナーでジャーナリストのポリー・サムソンが7曲の詞を書いた。テーマはコミュニケーションの欠如。「High Hopes／運命の鐘」の詞に登場するアルバム・タイトルは、投票のため議員を呼ぶ議会の鐘を指す。「A Great Day For Freedom／壁が崩壊した日」はベルリンの壁が題材。社会派である。一方、「Keep Talking」、「Lost For Words」はギルモアの言葉が通じなくなったウォーターズがモチーフで「Poles Apart／極」もシド・バレットとウォーターズを歌ったもの。脱退したウォーターズはギルモアの詞を酷評したが、故リチャード・ライトとの録音を核にギルモアが制作した『The Endless River／永遠(TOWA)』(2014年)には「Louder Than Words／ラウダー・ザン・ワーズ〜終曲」があった。インストが大部分の同作でサムソンと共作した同曲だけに歌が入り、"言葉より響くもの"の尊さを強調した。フロイド最後になるかもしれないアルバムは、言葉の人＝ウォーターズを皮肉ったような曲で終えられたのだ。逆にギルモアの言葉に対するこだわり＝コンプレックスの強さを感じてしまう。

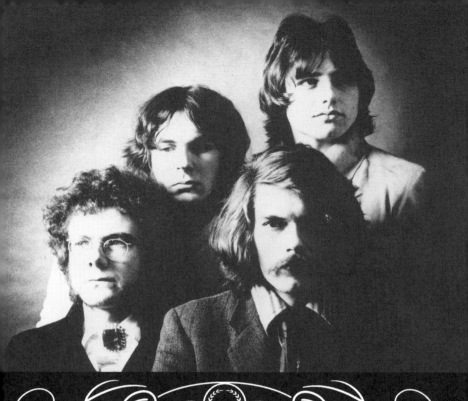

KING CRIMSON

キング・クリムゾン

Photo/Getty Images

戴冠から50年を経て
今なお進化し続ける真紅の王

　ロバート・フリップ (g)、グレッグ・レイク (vo、b)、イアン・マクドナルド (sax 他) などで結成されたキング・クリムゾンは、暴力性と幽玄性が交差するデビュー・アルバム『In The Court Of The Crimson King ／クリムゾン・キングの宮殿』(1969 年) で成功を収めるが、相次いでメンバーが離脱する。以後はフリップがバンドを統率したが、しばらくはラインナップが固定せずレコーディングのみ行なっていた。第 4 作『Islands』(1971 年) の編成でようやくライヴ活動を再開したものの、ジャズ、現代音楽的な方向性を目指すフリップに反して他のメンバーが勝手にブルース・ジャムを始めるなど亀裂が露わになる。デビュー以来の専属作詞家ピート・シンフィールドとも決裂したフリップは、自分以外は全員入れ替わった新編成で『Lark's Tongues In Aspic ／太陽と戦慄』(1973 年) を制作する。ジョン・ウェットン (vo、b)、ビル・ブルフォード (d) を擁し、インプロヴィゼーション重視でサウンドがハードになった編成は、脱退者を出しながらも『Red』(1974 年) まで続いたが、フリップは突然解散を決定する。彼は 1981 年にブルフォード、エイドリアン・ブリュー (vo、g)、トニー・レヴィン (b) とニューウェイヴ風の新バンド、ディシプリンを結成するが、間もなくキング・クリムゾンに改称し、アルバム 3 作を残して活動を停止する。1994 年には 80 年代メンバーにさらに 2 人を加えたダブル・トリオで再始動し、人員が減ってからも断続的に活動したが、ソロ・ライヴとダブル・ブッキングしたブリューにフリップが激怒したことから 2008 年にまたもや活動中止。後にフリップは引退を表明したが撤回。2013 年には初期に在籍したメル・コリンズ (sax) やレヴィンが復帰し、更にトリプル・ドラムという新編成でクリムゾンが復活し、デビュー時から新曲まで幅広い選曲のライヴを行なうようになった。

◀左ページ写真：左より、ロバート・フリップ、イアン・マクドナルド、マイケル・ジャイルズ、グレッグ・レイク

21st Century Schizoid Man
Including Mirrors

21世紀のスキッツォイド・マン（インクルーディング：ミラーズ）

50年前の悲痛な叫びが響く
21世紀の現実

　キング・クリムゾンのデビュー・アルバム『In The Court Of The Crimson King ／クリムゾン・キングの宮殿』(1969年10月)は、アルバム・ジャケットのインパクトがでかかった。紅潮した顔が画面いっぱいに描かれている。脇に迫るなにかを気にしているのか、黒目が彼の右側に寄せられている。目も口も鼻の穴も大きく開かれ、驚愕しているのか、とにかく普通の精神状態ではないらしい。

　そして、このアルバムの冒頭には、「21st Century Schizoid Man Including Mirrors ／21世紀のスキッツォイド・マン（インクルーディング：ミラーズ）」が収録されていたのだ。聴く側としては、ジャケットの顔は曲名となった人物のものなのだろうと考える。サックスとギターのあのリフが轟いた後、電気的に変調された歌声が苦痛と恐怖に満ちたイメージを並べていく。

　　　猫の足　鉄の爪
　　　神経外科医は叫ぶ　もっとだ！　と
　　　偏執症に毒された扉の前で
　　　21世紀の壊れた人間

　1969年にはベトナム戦争が泥沼化していた。それはアジアの出来事にとどまらず、アメリカとソ連の2大国が対立する冷戦を象徴する現場でもあった。7年前の1962年には、ソ連のミサイル基地建設計画にアメリカが反発して核戦争寸前になったキューバ危機もあったのだ。反戦運動が高まり、クリムゾンのデビュー作発表の2ヵ月前にはロックやフォークのアーティスト多数が参加して"ウッドストック・フェスティヴァル"が催され、愛と平和を訴えた。そうした

状況で制作された『In The Court Of The Crimson King』も、同時代の不安を比喩的に表現していたと解釈できる。

> 血まみれの拷問台　有刺鉄線
> 政治屋を火葬する薪
> 罪なき人々はナパームの炎に辱められた
> 21世紀の壊れた人間
>
> 死の種　分別なき人の強欲
> 飢え苦しむ詩人の子どもたちは血を流す
> 本当に必要なものは彼の手には得られない
> 21世紀の壊れた人間

　幻想的な詞が多かったクリムゾンのファースト・アルバムのなかで「21st Century Schizoid Man」は、例外的に直接的な言葉を使っていた。詞に登場する光景のなかでも特にナパーム弾は、それが多用されたベトナム戦争をすぐに連想させるものだった。"21st Century"と付けられてはいたものの、未来ではなくむしろ同時代についての歌だったのだ。

　かつての邦題は「21世紀の精神異常者」だったが、その後「21世紀のスキッツォイド・マン」と改められている。"schizoid"とは、以前は「精神分裂病」と呼ばれ、現在では「統合失調症」と呼称が変更された精神疾患を指す。だが、詞の中では病気を意味するのではなく、終末的な蛮行の横行で壊れていく人間性を表現したものととらえたほうがいい。

　一度見たら忘れられないジャケットの絵を担当したのは、初期クリムゾンで作詞を担当したピート・シンフィールドの知りあいだったバリー・ゴッドバーである。音源を聴いた彼は、ジャケット表のあの歪んだ顔と、内側デザインの仏像のように穏やかな顔の2つを描い

た。絵を制作する際には髭剃り用の鏡を見たというから、一種の自画像だったわけである。しかし、絵は本人以外をも描き出したのであり、だからこそ見るものに衝撃を与えたのだと考えられる。

アルバム収録の5曲のうち4曲には副題が付けられ、「21st Century Schizoid Man」にも「including Mirrors」と添えられている。CDでは小さくなってしまったけれど、かつてのアナログ・レコードのジャケットは、人の頭部より大きかったのだ。ということは、赤く歪んだ顔の絵は、アルバムを買った人が鏡（mirror）を見た時に映る顔だという意味だったのではないかと想像してしまう。

ムンクの名画『叫び』が死などに対する人間の普遍的な不安や恐怖を表現していると思われるのと同じく、この顔も世界的破滅の危機にさらされた現代人の自画像だと感じられる。ゴッドバーはアルバム発表の翌年、24歳の若さだったのに心臓発作で亡くなっている。

クリムゾン最初期のライヴのセットリストは「21st Century Schizoid Man」で始まり、グスターヴ・ホルストの「Mars, the Bringer of War／火星、戦争をもたらす者」（管弦楽のための組曲『The Planets／惑星』から）のカヴァーで終わるのが定番だった。赤い惑星にちなんだ曲を演奏したのは、バンドが深紅の王を名乗っていることにひっかけたのかもしれないが、火星（Mars）はローマ神話の軍神マルスから命名され、古くから戦争の象徴とされてきた。その意味では、ベトナム戦争を想起させるオープニング曲と対になる曲だったのだ。

クリムゾンの第2作『In The Wake Of Poseidon／ポセイドンのめざめ』（1970年）には「Mars」を改作した「Devil's Triangle」を収録したうえ、オープニング、アナログB面冒頭、エンディングにそれぞれ「Peace／平和」と題した小曲の変奏を配置し、戦争と平和というコンセプトがうかがえる展開にした。第3作『Lizard』（1970年）もアナログB面を占めるアルバム・タイトルを冠した組曲が、王子の登場する幻想物語風でありながら、やはり戦場を表現

するものだった。同組曲には「The Battle Of Glass Tears ／戦場のガラスの涙」と呼ばれるセクションが設けられ、なかには「Last Skirmish ／最後の戦い」(skirmish は小競りあい、小戦闘を意味する）という部分も含まれていた。シンフィールドは、戦争というテーマにこだわりをみせていたのだ。

作詞担当のメンバーだったシンフィールドが 1972 年にバンドを脱退して以降、クリムゾンの歌う言葉も当然変化した。興味深いのは、「21st Century Schizoid Man」を歌った時期もあるエイドリアン・ブリュー（vo、g）が詞を書いた「Coda：I Have a Dream」(『The ConstruKction Of Light』収録：2000 年）である。同曲では、ケネディ、エイズ、広島、ホロコースト、ボスニア、アパルトヘイト、レノンなど有名な悲劇、惨劇が列挙され、そのなかには「ベトナム、ナパーム」と言葉を続けるところもあった。その意味では、クリムゾンの出発点に回帰したようなところもある詞だった。

一方、シンフィールドは、2014 年にクリムゾンが新編成で久しぶりにライヴ活動を再開した際、「21st Century Schizoid Man」の詞の改訂版を書いた。1 番と 2 番の一部を変更した新しい詞は『The Elements of King Crimson 2014 Tour Box』のブックレットに掲載され、改訂版で歌ったヴァージョンは『同 2015 Tour Box』に収録されている。そちらではベトナム戦争を暗示したナパームの語が削られたかわりに、第一次世界大戦中にオスマン帝国領の分割に関してイギリス、フランス、ロシアが秘密に結んだ"サイクス・ピコ協定"、"拳"、"砂漠の砂"といった言葉が並べられた。かつて 1960 年代の同時代を意識して書いた詞を、現在の戦争やテロの中心といえる中東に焦点をあてた内容に更新したいという意識が、作者としてはあったのかもしれない。

＊収録アルバム紹介は P.59 に掲載。

21st Century Schizoid Man Including Mirrors

Words & Music by Robert Fripp, Michael Giles, Greg Lake, Ian McDonald and Peter Sinfield

Cat's foot iron claw
Neuro-surgeons scream for more
At paranoia's poison door
Twenty first century schizoid man

Blood rack barbed wire
Politicians' funeral pyre
Innocents raped with napalm fire
Twenty first century schizoid man

Death seed blind man's greed
Poets' starving children bleed
Nothing he's got he really needs
Twenty first century schizoid man

© Copyright by UNIVERSAL MUSIC MGB LIMITED
All Rights Reserved. International Copyright Secured.
Print rights for Japan controlled by Shinko Music Entertainment Co., Ltd.

Epitaph
Including March For No Reason And Tomorrow And Tomorrow

エピタフ（墓碑銘）(a) 理由なき行進 (b) 明日又明日

陰鬱な時代を悲観する
新世代人への墓碑銘

　キング・クリムゾンの『Islands』(1971年)までの歌詞を書いたのは、ピート・シンフィールドである。彼は、ステージでの照明を担当したほか、『Lizard』(1971年)の2曲でVCS3シンセサイザーを弾き、『Islands』期のライヴ・ツアーでVCS3によるドラムの音の加工を行なったが、基本的に楽器を演奏するメンバーではなかった。だが、初期4作で作詞を担当し、ヴィジュアルも含めコンセプトを提示した彼の存在は大きかった。デビュー時はロバート・フリップ(g、key)がリーダーというわけではなく、多くの楽器をこなしバンドのテーマとも言える「The Court Of The Crimson King Including The Return Of The Fire Witch And The Dance Of The Puppets／クリムゾン・キングの宮殿 (a) 帰ってきた魔女 (b) あやつり人形の踊り」(『In The Court Of The Crimson King／クリムゾン・キングの宮殿』収録:1969年)の作曲者でもあったイアン・マクドナルド(sax、fl、key、vo)、言葉とヴィジュアルの面を主導したシンフィールドが、バンドの初期イメージ形成に貢献したのである。

　ボブ・ディランやドノヴァン(クリムゾンが初期ライヴで演奏した「Get Thy Bearings」は彼の曲)の影響で作詞を始めたシンフィールドは、クリムゾン以前にいたバンド、インフィニティで「The Court Of The Crimson King」の初期ヴァージョンをマクドナルドとともに作っていたという。読書家だったシンフィールドが影響を受けた本としてあげていたのが、レバノンの詩人・画家であるカリール・ジブランの散文詩集『預言者』だった。オリジナル・クリムゾン崩壊の一因となったアメリカー・ツアー中、マイケル・ジャイルズ(d、vo)から「きみは人生の真意を知っているか」、「人生は愛だ」とい

われたフリップは『預言者』を一冊もらったという（シド・スミス著『クリムゾン・キングの宮殿』）。ジブランの影響はシンフィールド以外のメンバーにも及んでいたのだろう。

　美智子上皇后やジョン・レノンも読んでいたことで知られるジブランは、『預言者』において預言者アルムスタファが見者アルミトラに対し、愛や罪と罰、自由、苦しみ、友情、死など人間にまつわる様々なことがらを語る構成をとった。大地、島、風、城、船といった風景を織りこみつつ「暴君を廃絶したいというなら、先ず見てください。あなたがた自身のなかに据えられてきた暴君の玉座が砕かれたか否かを」、「しかし言葉になった知識は、言葉なき知識の影でしかありません」（至光社版。佐久間彪訳）などと知恵を語る散文詩には、シンフィールドに通じるテイストが感じられる。この種の宗教的な語り口と、1960年代に若者の間で広い人気があったトールキン『指輪物語』のような中世ヨーロッパ的なファンタジーの要素を融合したのが、初期クリムゾンの詞世界と言えるだろう。

『預言者』
著：カリール・ジブラン
訳：佐久間 彪
至光社

ただ、ジブランの散文詩には安らぎがあったのに比べ、シンフィールドの詞には絶望の色が濃かった。その代表作が「Epitaph Including March For No Reason And Tomorrow And Tomorrow ／エピタフ（墓碑銘）(a) 理由なき行進 (b) 明日又明日」である。

　　　　予言者たちの書きこんだ壁が
　　　　継ぎ目からひび割れていく
　　　　死の道具の上で
　　　　陽光が明るくきらめいている
　　　　すべての人々が
　　　　悪夢と理想に引き裂かれた時
　　　　栄冠をもたらす者などいるだろうか
　　　　沈黙が絶叫を呑みこむこの時に

　　　　宿命の鉄の門扉が並ぶ場に
　　　　時の種子は蒔かれた
　　　　知る者と知られる者の偉業が
　　　　水を与えてきた
　　　　知恵は命取りの友人だ
　　　　もしも掟を定める者がいないなら
　　　　全人類の宿命は
　　　　愚か者どもの手中に落ちるだろう

　"知恵は命取りの友人だ"だという2番の一節など、ジブランの洞察からの影響をうかがえる。しかし、"人生は愛だ"などという希望は見当たらない。曲名に「Including March For No Reason And Tomorrow And Tomorrow（理由なき行進＆明日又明日）と添えられているが、進んでも恐怖しか待っていない行きづまりの感

情が歌われる。有名なフレーズから始まる以下の部分は、同時代の
閉塞感や不安をよく表現していたといえる。

> 混乱こそ私の墓碑銘になるだろう
> ひび割れ壊れた細道を這って行くのだ
> もしもやり遂げられたなら
> 私たちはくつろいで笑いあえる
> しかし明日を恐れている　私は泣き叫ぶに違いない
> そうだ明日を恐れている　私は泣き叫ぶに違いない

　アルバム1曲目の「21st Century Schizoid Man ／ 21世紀のス
キッツォイド・マン」がベトナム戦争を連想させるナパームの登場な
どもっと即物的な内容だったのに比べ、「Epitaph」は幻想的で抽象
的な詞になっている。だが、1曲目の"death Seed（死の種）"に
呼応するごとく"the instruments of death（死の道具）"、"The
Seed of Time（時の種）"が出てくるなど、相互に共通性の感じら
れるイメージが散りばめられている。
　一方、2曲目「I Talk To The Wind ／風に語りて」と「Epitaph」
はクロスフェイドでつながれ、両者にも関連がうかがえる。フルート
が主役で優しげに響く前曲でも、自分の内と外は"much
confusion,disillusion（混乱、幻滅）"ばかりと語られる。続く本曲
は、混乱の行きつく先は、死んで墓に埋められるだけということかも
しれない。
　また、「Epitaph」の歌詞には"with nightmares and with
dreams（悪夢と理想）"とあるが、4曲目「Moonchild」の副題は
"Including The Dream And The Illusion（夢と幻想）"とされ、
長い後奏がその部分に相当するのだろう。さらに最終曲「The
Court Of The Crimson King ／クリムゾン・キングの宮殿」にも"put
shutters on dreams（夢によろい戸を下ろす）"、"the funeral

march（葬送の行進）"とあり、「Epitaph」に通じる要素が見られる。全5曲が明確な物語になっているわけではないが、アルバム全体が死や（悪）夢のイメージに彩られているのは確かだ。

　このうち「Epitaph」は "gleams" と "dreams"、"sown" と "known" など脚韻を使っており、他の曲にも言葉の響きを重視した部分が散見される。複数の曲に同種の言葉やイメージをちりばめたことにも、韻を踏むのと同様の遊戯感覚はあったと思われる。

　メロトロンの荘厳な音色が印象的な「Epitaph」を収録したデビュー作の開いたジャケット内側のタイトル下には、「An Observation By King Crimson」（キング・クリムゾンによる観察）と銘打たれていた。同時代の状況を彼らがどう見たかを表現したということだろう。

　後年のマクドナルドは、"シンフィールドは社会派でデビュー作の多くの歌詞に若者対古い社会の図式があった"と証言している（「レコードコレクターズ」2000年1月号など）。彼の言葉を踏まえると、死や悪夢などネガティヴな表現で暗示されたのは前世代が作った社会であり、そこでもがく新世代の隠喩として苦痛が描かれたと受けとることもできる。シンフィールドは、言語遊戯でありつつ文明風刺でもある詞を書いたのだった。

Epitaph Including March For No Reason And Tomorrow And Tomorrow

Words & Music by Robert Fripp, Michael Giles, Greg Lake, Ian McDonald and Peter Sinfield

The wall on which the prophets wrote
Is cracking at the seams
Upon the instruments of death
The sunlight brightly gleams
When every man is torn apart
With nightmares and with dreams
Will no one lay the laurel wreath
When silence drowns the screams

Between the iron gates of fate
The seeds of time were sown
And watered by the deeds of those
Who know and who are known
Knowledge is a deadly friend
When no one sets the rules
The fate of all mankind I see
Is in the hands of fools

Confusion will be my epitaph
As I crawl a cracked and broken path
If we make it we can all sit back
and laugh
But I fear tomorrow I'll be crying
Yes I fear tomorrow I'll be crying

© Copyright by UNIVERSAL MUSIC MGB LIMITED
All Rights Reserved. International Copyright Secured.
Print rights for Japan controlled by Shinko Music Entertainment Co., Ltd.

収録アルバム

『In The Court Of The Crimson King／クリムゾン・キングの宮殿』

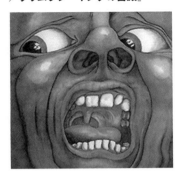

◎収録曲
① 21st Century Schizoid Man
　Including Mirrors
② I Talk To The Wind
③ Epitaph
　Including March For No Reason And Tomorrow And Tomorrow
④ Moonchild
　Including The Dream And The Illusion
⑤ The Court Of The Crimson King
　Including The Return Of The Fire Witch And The Dance Of The Puppets

◎発表年
1969年

◎参加メンバー
ロバート・フリップ（g）
グレッグ・レイク（vo、b）
イアン・マクドナルド（sax、fl、key、mellotron、vib、vo）
マイケル・ジャイルズ（d、per、org、cho）
ピート・シンフィールド（lyrics、illumination）

◎プロデュース
キング・クリムゾン

暴力と幻想に彩られた真紅の王の宮殿

　不穏な SE が鳴った後、あのリフが襲ってくる①がまず強烈。歪ませたヴォーカル、サックスの暴力的なアドリブを経て、ユニゾンのフレーズでバンドが一体となって駆け抜ける中間部へ。パワフルであると同時に緻密でもあるクリムゾン流アンサンブルを印象づけた曲だ。一方、③と⑤ではシンフォニックと評されるメロトロンの壮大な響きでドラマチックに盛り上げ、④の後半ではクリムゾンのお家芸となるインプロヴィゼーションを展開する。ロック、クラシック、ジャズ、アヴァンギャルドの多様な要素を織り交ぜているのだ。また、大仰で激烈なばかりでなく、フォーク調の②で牧歌的なヴォーカルを聴かせ、ほっとさせる場面を用意したのも、その後のプログレらしさの定番となっている。クリムゾンのデビュー・アルバムは、次作以降メンバー交代を繰り返す長いバンドの歴史の基礎となっただけでなく、プログレッシヴ・ロックの雛形といえる傑作だった。

The Letters

レターズ

幻想世界から私的な感情へ
精神から肉体へと遷移する詩人の目

　デビュー後はアルバムごとにメンバー交代を繰り返したキング・クリムゾン。第4作『Islands』(1971年) は、そうした落ち着かなさが影響したのか全6曲中2曲が、クリムゾンの前身バンド、ジャイルズ・ジャイルズ＆フリップの作品の改作だった。クラシックの小品風の「Prelude:Song Of The Gulls ／プレリュード：かもめの歌」はギター、ピアノ中心のインストゥルメンタルだった「Suit No.1 ／組曲第一番」、そして「The Letters」は「Why Don't You Just Drop In」が元ネタである。

　後者に関しては、クリムゾンがオリジナル・メンバーだった頃にライヴ演奏した音源が残っており、そちらは「Drop In」と題されていた。『Islands』ではアレンジをさらに変化させ、ピート・シンフィールドが新たな詞を書いた。"ゲームをしよう、お前に勝ち目はない"と相手を挑発する詞だった「(Why Don't You Just) Drop In」とは異なり、「The Letters」は不倫ソングになっている。

　　　　鳥の羽根と銀のナイフで
　　　　彼女は毒を帯びたペンを作ったのだった
　　　　愛人の妻に宛ててこう綴った
　　　　「あなたの夫の種が私の体の中で育っています」

　愛人が送った手紙は、男との子を授かった自分を妻に勝ち誇るかのごとき内容である。その意味では、「Drop In」にあった挑発という題材を、シンフィールドは形を変えて受け継いだと解釈することも可能だろう。手紙を読んだ妻は、恐ろしく動揺する。

あたかも業病の顔面のごとく
それは優雅な手紙を汚らわしいものにした
愛人の妻は喉に石が詰まったかのように息苦しくなり
涙でなにも見えなくなったまま一日駆けずり回っていた

　半狂乱で七転八倒している姿が目に浮かぶようだ。だが、やがて
妻の心は冷え切り、自らもペンをとる。

氷の釘で突き刺され
エメラルドの炎で痛めつけられた
魂が雪のようになった妻は
落ち着いた手つきで書き始めた

「私は冷静です。もう人生など必要ありません。
男たちに仕えるのはもうたくさん。
あなたが私のすべてだったけれど、それも終わりです。
どうせ朽ちるこの体に別れを告げることにします」

　自分を裏切った夫への一撃となるような遺書を残すわけだ。詞に
登場する羽根ペン、銀のナイフといったアイテムは古風だけれど、
シンフィールドにしては幻想性が薄く、わかりやすい内容だ。死の
モチーフを中核にした点では共通する「Epitaph」が"混乱こそ私
の墓碑銘になるだろう"と時代の閉塞感を格調高く歌い上げていた
のとは異なり、「The Letters」には私的で生々しい感情が渦巻いて
いる。
　同曲の詞について"時代遅れのソープ・オペラ（主婦層向けの連
続メロ・ドラマ）"と批判した音楽評論家もいたそうだが、その通り
だろう。ただ、不倫によるこんな陳腐ないざこざを性懲りもなく昔か
ら繰り返してきたのが人間なのだし、逆に不倫をテーマにすれば時

代に遅れようがなく、ずっと伴走できる。アルバム全体を見ると、シンフィールドは陳腐な題材をあえて選んだようにも思う。

　シンフィールドはクリムゾン結成前にコンピュータ会社で働いていた時期、スペインやモロッコを放浪したことがあった。また、『Islands』制作前には地中海のイビサ、マジョルカを含むバレアリック諸島にあるフォーメンテラを訪れていた。同作の曲の歌詞は、それらの島々の印象から発想されたという。アルバムには「Sailor's Tale ／船乗りの話」と題された男っぽい激烈なインスト・ナンバーもあるが、ヴォーカル・ナンバーは女性的なイメージで書かれている。

　1曲目には、旅した場所を舞台にした「Formentera Lady」が収録されている。この地域はヒッピーの聖地であり、自由を求め放浪する若者が集っていたし、シンフィールドもその1人だった。たくさんの動植物、陽光、星の輝きに囲まれて踊る女性が登場する同曲には、ヒッピー・カルチャーが華やかだった1960年代後半の空気が反映されている。彼らの求めた自由には性の自由も含まれていたわけで "her perfume（彼女の色香）" などという一節にそうした雰囲気が感じとれる。

　地中海は、ホメロスの叙事詩『オデュッセイア』の舞台でもあった。「Formentera Lady」には美しい歌声で船乗りを惑わせ難破させるセイレーン（半人半鳥）を思わせる、歌う邪悪な恋人が登場するなど、『オデュッセイア』をモチーフにした部分もある。インストの次曲が「Sailor's Tale」と題されていたのもセイレーン伝説を意識したものだろう。

　また、アルバム最後のタイトル曲は、波で浜辺の砂が削られていく島の風景を「私」が見ているという詞で性別は明かされていない。ただ、島を直接的に題材としている点は冒頭の曲と対応しているので、冒頭と同じ女性ととらえてもいいかもしれない。

　一方、不倫のいざこざを表現した「The Letters」に対し、「Ladies of the Road」は旅先でバンドに近づいてくるグルーピーを題材に

しており、"ジッパーを下ろす"とかドラッグの描写とか猥雑な内容
だ。メンバー交代が続くなかでセカンド以降にリーダーとなったロ
バート・フリップとシンフィールドの距離も次第に離れていった。
『Islands』発表後、フリップはシンフィールドをバンドから追い出す
ことになる。関係悪化に伴う捨て鉢な気分が、同曲詞の粗野な表現
に結びついたようにも見える。

　それまで、中世ヨーロッパ的な幻想世界で戦争と平和を書いてき
たシンフィールドにしては、『Islands』の詞はやや肉体的でセクシュ
アルな要素を含んでいる。彼は新境地を開拓して自分の作風を広げ
ようとしたのかもしれないが、皮肉なことにこの時期のクリムゾンに
はブルース好きのメンバーが集まっており、ライヴ演奏では彼らの
野卑な面が露わになった。『Islands』は「Formentera Lady」のよ
うにフェミニンな詞が多かったのに、演奏したのは最もマッチョな連
中だったのだ。このラインナップが短期で崩壊したのも無理はない。

　クリムゾン脱退後のシンフィールドは、作詞家としてエマーソン、
レイク＆パーマー、PFM（プレミアータ・フォルネリア・マルコーニ）
などのプログレ・バンドにかかわったが、1980年代以降は一般的
なポップスへ仕事の場を移した。彼が1988年にバックス・フィズと
いうアイドル的グループに書いた「Heart of Stone」は、失恋の傷
心を題材にしたもので発表時は無風に終わったが、翌年、シェール
がカヴァーしてヒットした。また、シンフィールドのポップス作詞家
としての代表作はセリーヌ・ディオン「Think Twice」（1994年）
であり、別れようとする相手に考え直してと請う歌だった。シンフィー
ルドによるこの種の歌謡曲的メロ・ドラマのルーツをクリムゾン時代
に探してみると「The Letters」に行きつくのだ。

The Letters

Words & Music by Robert Fripp and Pete Sinfield

With quill and silver knife
She carved a poison pen
Wrote to her lover's wife:
"Your husband's seed has fed my flesh".

As if a leper's face
That tainted letter graced
The wife with choke-stone throat
Ran to the day with tear-blind eyes.

Impaled on nails of ice
And raked with emerald fire
The wife with soul of snow
With steady hands begins to write:

"I'm still, I need no life
To serve on boys and men
What's mine was yours is dead
I take my leave of mortal flesh"

© Copyright by UNIVERSAL MUSIC MGB LIMITED
All Rights Reserved. International Copyright Secured.
Print rights for Japan controlled by Shinko Music Entertainment Co., Ltd.

収録アルバム
『Islands／アイランズ』

◎収録曲
① Formentera Lady
② Sailor's Tale
③ The Letters
④ Ladies of the Road
⑤ Prelude: Song of the Gulls
⑥ Islands

◎発表年
1971年

◎参加メンバー
ロバート・フリップ（g、mellotron、org）
ボズ・バレル（vo、b）
メル・コリンズ（sax、fl、cho）
イアン・ウォーレス（d、per、cho）
ピート・シンフィールド（lyrics、illumination）
◆
キース・ティペット（p）
マーク・チャリグ（cornet）

ハリー・ミラー（b）
ロビン・ミラー（oboe）
ポーリナ・ルーカス（cho）

◎プロデュース
キング・クリムゾン

統制と反乱が生んだ一瞬の輝き

　メンバー交代後、新曲をツアーで演奏しアレンジを練ったうえで完成したアルバム。スタジオ録音ではキース・ティペット（p）周辺のジャズ人脈がゲスト参加した。ハリー・ミラー（b）の弓弾きベース、ポーリナ・ルーカス（cho）のソプラノ・ヴォーカルが印象的な①、そして⑥は、管楽器とピアノに彩られたジャズ的サウンドで寂寥感を醸しだす。これらの曲では、バレルもていねいに歌っている。特定のリズムとギターの硬質な音色を中心とした②は、今聴くと次作『Lark's Tongues In Aspic／太陽と戦慄』（1973年）以降のメタル路線の萌芽だった。また③でもバレルは、劇的に静と動が転換する曲調にふさわしい、強弱をつけた歌い方をしている。レコーディングは、フリップの統制下でなされたのだ。しかし、アルバムでは意図的演出のはずだった④の演奏の粗野さが、ライヴではフリップ以外のメンバーの体質だったと露呈する。このラインナップは長続きせず瓦解した。

Starless

スターレス

混乱を経て絶望に至った
真紅の王の辞世の句

　自分以外のメンバーを総入れ替えしたロバート・フリップは、
『Larks' Tongues In Aspic ／太陽と戦慄』(1973 年)でキング・ク
リムゾンを生まれ変わらせた。詞を新たに担当することになったのは、
リチャード・パーマー＝ジェイムズである。彼は、新メンバーとなっ
たジョン・ウェットン（vo、b）のアマチュア時代のバンド仲間であり、
スーパートランプの最初期のギタリストだったが短期間で脱退し、
その後はドイツのミュンヘンでソングライターをしていた。

　クリムゾンは曲構成や楽器編成を記したウェットンのノートを添え
たデモ・テープをドイツへ送り、それらにそった詞が書かれてロンド
ンに送り返されるという手順をとった。シンフィールドがコンセプト・
メーカーとしてバンドに深くかかわっていたのとは異なり、バンドと
は距離のある関係だったのだ。パーマー＝ジェイムズの詞は、「Exile
／放浪者」(『Larks' Tongues In Aspic』収録)、「The Great
Deceiver ／偉大なる詐欺師」(『Starless And Bible Black ／暗黒
の世界』収録：1974 年)など、主人公のいる物語仕立ての内容が
多い。シンフィールドほど幻想的ではなく世俗的だ。パーマー＝ジェ
イムズが作者の 1 人として名を連ねたアルバム 3 作の曲のうち、最
も有名なのが『Red』(1974 年)収録の「Starless」である。

　　　　日が没する　眩い陽光
　　　　両目に入ってくる黄金色
　　　　だが私の内に目を向ければ
　　　　見えるのはこれだけ
　　　　星 1 つない　聖なる闇

明るい光と漆黒の闇の対比が鮮やかだ。なぜ同曲が傑作として記憶されることになったかといえば、『Red』発売直前に解散が発表されたからであり、アルバム最後の「Starless」がバンドの"遺言"に聴こえたためだ。

アルバムの裏ジャケットには、危険を意味するレッド・ゾーンにまで針が振れたメーターの写真が使われた。表ジャケットのメンバー3名の写真は、影の部分が多く背景も黒で遺影のようだった。ウェットンやビル・ブルフォード（d）にとって解散はフリップの一存による唐突なものだったが、その結末を織りこんでいたかのごときデザインだったのである。

真紅王を名乗ったバンドは"混乱こそ私の墓碑銘になるだろう"と滅びを歌ってデビューし、メンバー交代を繰り返してやがてレッド・ゾーンに突入し"星1つない　聖なる闇"と再び終末観を歌って解散を迎えた。そのように終幕に至るバンドの物語をよく背負った詞だと受けとられたのだ。メンバーと距離のあったパーマー＝ジェイムズが書いた詞のなかで、「Starless」はバンドと最も一体化した作品になっていたといえる。

同曲のメイン・フレーズは、ウェールズの詩人、作家であるディラン・トマスの朗読劇『Under Milk Wood ／ミルクの森で』に由来する。

It is spring,moonless night in the small town,
starless and bible-black……
（時は春、小さな街の月のない夜、
星1つない聖なる闇に……）

この書き出しにウェットンがインスパイアされ、なかの一節を「Starless」に借用することになる。その前段階で彼がスキャットで同曲のモチーフを歌うデモは、ジョン・ウェットン＆リチャード・パー

マー・ジェイムズ名義の『Monkey Business 1972-1997』（1998年）に収録されている。ただ、1974年1月のクリムゾンのレコーディングでは、そのバラードのセクションが提案されたもののバンドとしての録音は却下された。しかし、アルバムの余白を埋めるために収録されたライヴ録音のインプロヴィゼーションの曲名にトマスのフレーズが流用され、アルバム・タイトルにも採用されて『Starless And Bible Black ／暗黒の世界』（1974年）となった。

　一方、トマスに由来するあのフレーズを核に『Under Milk Wood』の内容とは関係なくパーマー＝ジェイムズが書いた詞とウェットン作のメロディを組みあわせたバラードは、静から動への盛りあがりが見事なインストゥルメンタルの後半部を付け加えた形に発展する。そちらは「Starless」と題され、『Starless And Bible Black』発表後のデヴィッド・クロス（violin、key）がまだ在籍時のツアーで繰り返しライヴ演奏された。ただ、フリップがMCで同曲を「Starless And Bible Black」と呼んだこともあったので、バンド内でも呼称の区別は曖昧だったのかもしれない。

　「Starless」はライヴ演奏で磨きがかけられたわけだが、残された音源を聴くとウェットンの歌う言葉は日によって違っており、なかでも2番と3番は流動的だった。うろ覚えだったからそうなったのか、パーマー＝ジェイムズの詞を実際に歌うウェットンが試しながら推敲していたととらえるべきか、微妙なところである。最終的に74年7〜8月に録音され9月27日にリリースされた『Red』で「Starless」の2番以降は、次のような形に落ち着いた。

　　　旧き友の慈愛
　　　冷酷で歪んだ微笑み
　　　その微笑みは空虚の徴
　　　私にとっては
　　　星1つない　聖なる闇

凍てついて青く銀色な空が
灰色へと変じていく
みなの切なる望みも
灰色になって
星1つない　聖なる闇

　光と影のコントラストが鮮やかだった1番に対し、3番では青み
をおびた銀色から灰色へ、そして暗黒へという色の変化が絶望をさ
らに印象づける。いったんは却下され、ライヴではあやふやに歌わ
れていたものがアルバムに収録され形が定まった後には名曲とされ、
今でもバンドの重要レパートリーとなっているのだから、創作とは不
思議なものだ。

　『Red』制作時のフリップは、ロシアの神秘学者グルジェフを信奉
しており、その継承者J・G・ベネットの書物を読み、彼の教育を
受けなければならないと考えたことが、解散決意の要因だったとい
う。「Starless」の詞自体はパーマー＝ジェイムズとウェットンによる
ものだが、"Starless And Bible Black" という荘厳で謎めいてもい
るフレーズは、神秘主義に傾倒するフリップの内面を表現していた
ようにも感じられた。後年のフリップは同曲について次のコメントを
残している。

　「歌の部分は、70年代のクリムゾンの辞世の句だ。これは60年
代の楽観主義を存続させたある種のイノセンスの死、その喪失を確
認するということだ。それについてのクリムゾンによる最終メッセー
ジなんだ」（シド・スミス著『クリムゾン・キングの宮殿　風に語りて』）

　ザ・イーグルスは『ホテル・カリフォルニア』（1976年）タイトル
曲の "1969年からスピリット（精神／酒）は切らしている" という
有名な一節で、ラヴ＆ピース、ウッドストック・フェスに代表される
1960年代的なロック幻想の終焉を歌った。「Starless」は、それに
先駆けてロックの夢の終わりを歌っていたということだ。

Starless

Words & Music by William Bruford , David Cross , Robert Fripp , John Wetton , Richard Palmer-James

Sundown dazzling day
Gold through my eyes
But my eyes turned within only see
Starless and bible black

Old friend charity
Cruel twisted smile
And the smile signals emptiness for me
Starless and bible black

Ice blue silver sky
Fades into grey
To a grey hope that all yearns to be
Starless and bible black

© Copyright by UNIVERSAL MUSIC MGB LIMITED
All Rights Reserved. International Copyright Secured.
Print rights for Japan controlled by Shinko Music Entertainment Co., Ltd.

収録アルバム
『Red／レッド』

◎収録曲
① Red
② Fallen Angel
③ One More Red Nightmare
④ Providence
⑤ Starless

◎発表年
1974年

◎参加メンバー
ロバート・フリップ（g、mellotron）
ジョン・ウェットン（vo、b）
ビル・ブルフォード（d、per）
　　　　　　　◆
デヴィッド・クロス（violin）
メル・コリンズ（sax）
イアン・マクドナルド（sax）

マーク・チャリグ（cornet）
ロビン・ミラー（oboe）

◎プロデュース
キング・クリムゾン

限界領域ゆえに生まれた力強さと美しさ

　④はクロス在籍時のインプロヴィゼーションのライヴ音源だが、アルバム制作時には脱退していたためゲスト扱い。⑤は作曲家ウェットンの成長を示すもので、哀しみに満ちながらもメロディはキャッチー。同曲はすでにツアーで演奏されていたが、本作ではクロスのヴァイオリンの代わりにマクドナルド、コリンズのサックスで録音された。マクドナルドは③でも演奏しており、初期に在籍した２人の参加は、制作直後にいったん解散することになる本アルバムをバンドの集大成的な印象にした。心境の変化からフリップは本作の方向づけをウェットン、ブルフォードに譲る考えだったという。コントロール・フリークであることをやめたせいか、①②③の彼のギターは、以前よりものびのびとしているように感じる。バラードの②も含め、前半3曲はクリムゾン流ヘヴィ・メタルをわかりやすく展開しており、特に①は1980年代以後もバンドがよく演奏する代表曲になった。

Elephant Talk

エレファント・トーク

ユーモアとアイロニーから成る
ブリューの言語遊戯

　再結成したキング・クリムゾンが 1981 年に発表した『Discipline』
では、1970 年代までとはかなり色あいの違う音楽が奏でられていた。
かつてはイギリス的なバンドであったのに対し、エイドリアン・ブ
リュー (vo、g)、トニー・レヴィン （b、stick、vo) というアメリカ人
が半分を占めるようになったこと、そもそも新しいラインアップはディ
シプリンと名乗って活動を開始したのであり、再結成第 1 弾アルバ
ムの曲を作ってから改名したこと。過去のクリムゾンを意識しなかっ
たから音楽性の大幅な変化が実現したのだろうし、詞に関してもか
つての幻想性や叙情性は遠ざかり、まるで違うテイストになった。
『Discipline』冒頭の「Elephant Talk」などは、ピート・シンフィー
ルドもリチャード・パーマー＝ジェイムズもまず書かない内容である。

　　　　おしゃべり　たかがおしゃべり
　　　　議論　承諾　忠告　回答
　　　　明瞭な発表
　　　　たかがおしゃべり

　　　　おしゃべり　たかがおしゃべり
　　　　がやがや　ぺらぺら　からかい
　　　　言い争い　大騒ぎ　戯言　大宣伝
　　　　たかがおしゃべり　口答え

　意味を日本語に訳すとわからなくなってしまうが、1 番は "A" か
らはじまる言葉を、2 番は "B" からはじまる言葉を並べている。い
ずれも、言葉にまつわる言葉ばかりだ。

おしゃべり　おしゃべり　おしゃべり　たかがおしゃべり
論評　決まり文句　注釈　論争
さえずり　ぺちゃくちゃ　ぺちゃくちゃ　ぺちゃくちゃ
会話　反対　批評
たかがおしゃべり　陳腐なお話

おしゃべり　おしゃべり　たかがおしゃべり
討論　討議
今度は "D" の言葉の番だ
対話　対話劇　罵倒　不和　熱弁
ちんぷんかんぷん　ちんぷんかんぷん

　３番は当然 "C" であり、４番では「今度は "D" の言葉の番だ」と
歌い手自らが詞の成りたちを説明する。シンフィールドのような比喩
や韻を駆使した " 詩 " 的表現とは異なる言葉遊びなのだ。歌の締め
くくりは、これ。

おしゃべり　おしゃべり　たかがおしゃべり
冗舌　世間話　中傷
言い回し　論説　釈明　感嘆　誇張
たかがおしゃべり
象のおしゃべり

　ブリューは、ディストーションとエフェクターを駆使してギターで
様々な音色を奏でるという大道芸人的なプレイで名をあげた人だっ
た。特に動物の鳴き声を真似るのが得意で「Elephant Talk」では
象の咆哮を表現した。" 象のおしゃべり " と歌って " パオーン！" と
演奏するのだから、ギターの鳴き声もヴォーカルの一部のようだし
" パオーン！" も詞の一部ととらえられる。この曲は、演奏に参加し

ない専属作詞家ではなく、特異なギタリストでヴォーカリスト兼作詞者だから成立したのである。

　"承諾"、"戯言"、"批評"、"対話"、"中傷"と言葉にまつわるあれこれを並べた詞は、言葉をめぐってすれ違う人々の姿を風刺しているが、象の鳴き声が入ることでただのジョーク、悪ふざけのようにもみえる。

　リーダーであるロバート・フリップは、過去のクリムゾンになかったこの種のポップな言語遊戯を再結成後は許容したわけだが、その前兆は彼のソロ・アルバムに見られた。第1作『Exposure』（1979年）で多くの詞を書いた当時の恋人ジョアンナ・ウォルトンにも自由連想や言葉遊びめいた部分があったが、第2作『Under Heavy Manners ／ God Save the Queen』（1980年）の「Under Heavy Manners」（フリップ作）ではデヴィッド・バーンが "アブサルム・エル・ハービフ" の変名で "Solipsism Euphemism　Pessimism ……"（独我論、婉曲語句、悲観主義……）と "〜ism" で終わる単語の羅列を歌っていた。「Elephant Talk」は、その手法を ABC 順の単語の列挙で受け継いだとも感じられる。

　ブリューはクリムゾン加入以前にバーンが率いるトーキング・ヘッズの活動に加わっていたし、フリップもこのバンドの「I Zimbra」（『Fear Of The Music』収録：1979年）にゲスト参加した。また、1970年代後半にはデヴィッド・ボウイが、アルバム制作やライヴ・ツアーでギタリストにフリップとブリューを入れ替わりで起用していた。クリムゾン再編以前からフリップとブリューは人脈的に近く、価値観の共有もあったのだろう。

　ボウイは、ジャック・ケルアック、アレン・ギンズバーグ、ウィリアム・S・バロウズなど社会に反抗する姿勢でヒッピー世代に支持されたビートニク詩人から影響を受けていた。また、テキストをバラバラにしてからランダムに組みなおし、意外なフレーズを生むカットアップの手法をバロウズ経由で学んでいた。社会風刺や言語遊戯を

含んだブリューの詞もこの系譜に位置づけられる。

『Discipline』のほかの曲をみても言葉の遊びは多い。「Thela Hun Ginjeet」という曲名は、都会を密林に喩えた "Heat in the jungle" というフレーズのアナグラム（文字の並べかえ）である。フリップはニューヨークのアパートの隣室から聞こえた口論の模様を「NY3」（『Exposure』収録）に仕上げたことをブリューに話した。それに似て「Thela Hun Ginjeet」ではロンドンの街なかでチンピラにからまれた恐怖体験をブリューが興奮して語る様子が録音されており、曲に挿入された。また、歌というよりモノローグが続く「Indiscipline」、サビに日本語を使った「Matte Kudasai ／待ってください」など、様々な試みが展開されている。

ちなみに『Discipline』30周年記念エディション制作中の2001年にフリップはオンライン日記で、オリジナル盤の発表時に "待ってください" と日本語が使われていることに韓国で異議が出され、彼の提案により同国では曲が「Please Wait For Me」と改題されたことが回顧されている。

新生クリムゾンは、日常で現実に使われていた言葉を曲にとりこむ一方、言葉を自由に玩具のように扱ったのだ。後にブリューは『The ConstruKction of Light』（2000年）のタイトル曲でも言葉を羅列する手法を用い、同作収録の「Coda:I Have A Dream」では歴史上の悲劇を列挙して社会批評的な効果をあげた。風刺であると同時に笑いを呼んだ「Elephant Talk」からもわかる通り、同じ手法をジョークにもシリアスにも使えることをブリューは知っている。彼は陽気でひょうきんなギタリストであるだけでなく、作詞家としても意外に知的で興味深い存在なのだ。

Elephant Talk

Words & Music by Adrian Belew, Bill Bruford, Robert Fripp and Tony Levin

Talk, it's only talk
Arguments, agreements, advice, answers
Articulate announcements
It's only talk

Talk, it's only talk
Babble, burble, banter,
bicker bicker bicker
Brouhaha, balderdash, ballyhoo
It's only talk
Back talk

Talk talk talk, it's only talk
Comments, cliches, commentary,
controversy
Chatter, chit-chat, chit-chat, chit-chat
Conversation, contradiction, criticism
It's only talk
Cheap talk

Talk, talk, it's only talk
Debates, discussions
These are words with a D this time
Dialogue, duologue, diatribe
Dissention, declamation
Double talk, double talk

Talk, talk, it's all talk

Too much talk

Small talk

Talk that trash

Expressions, editorials, expugnations,

exclamations, enfadulations

It's all talk

Elephant talk, elephant talk,

elephant talk

© Copyright by UNIVERSAL MUSIC MGB LIMITED
All Rights Reserved. International Copyright Secured.
Print rights for Japan controlled by Shinko Music Entertainment Co., Ltd.

収録アルバム
『Discipline／ディシプリン』

◎**収録曲**
① Elephant Talk
② Frame by Frame
③ Matte Kudasai
④ Indiscipline
⑤ Thela Hun Ginjeet
⑥ The Sheltering Sky
⑦ Discipline

◎**発表年**
1981年

◎**参加メンバー**
ロバート・フリップ（g、frippertronics）
エイドリアン・ブリュー（vo、g）
トニー・レヴィン（b、chapman stick）
ビル・ブルフォード（d）

◎**プロデュース**
キング・クリムゾン、レット・デイヴィス

ニュー・ウェイヴを吸収した新生クリムゾン

　ディシプリン（訓練）と名乗っていたフリップの新バンドは、キング・クリムゾンに衣替えして本作を発表した。サビが日本語の甘々バラード③に代表されるブリューのヴォーカル、随所に見られるファンキーなノリはアメリカンで、かつてのバンドの英国的イメージから激変した。この少し前、フリップとブリューはそれぞれデヴィッド・ボウイ、トーキング・ヘッズと共演しており、フリップのソロや彼プロデュースのピーター・ガブリエル作品に参加したレヴィンが選ばれたのだ。同時代のニュー・ウェイヴ到来の空気を共有する彼らが集合したのは自然な流れだった。ギターとベースの合体楽器スティックのリフとギターが奏でる象の鳴き声がインパクト大な①、ジャングルのようなリズムでブルフォードが躍動する⑤、フリップがギター・シンセを弾く⑥、各楽器が違う周期で演奏するズレと同期のポリリズムが面白い⑦など新機軸満載。本作は以後の活動の規範となる。

COLUMN

変遷するピート・シンフィールドの言葉

ロックにおける他のジャンルよりも、プログレでは詞が重視されている。そういうイメージが形成されるうえで、ピート・シンフィールドの存在は大きかったと思われる。彼は専属作詞家であり基本的に楽器演奏はしないものの、アルバム全体の方向づけに関与する立場だったのだから。会社で喩えるなら役員クラスだ。しかし、自作自演が広まった時代のロック界において「作」だけで「演」を伴わない立場には無理があったのだろう。キング・クリムゾンで4つのアルバム制作に関わった彼はバンドから追い出され、それまでの人脈に頼った演奏者を起用し、自らが歌ったソロ・アルバム『Still』（1973年）を制作する。

シンフィールドはやぎ座（Capricorn）であり、キング・クリムゾンの初期ライヴでは「Travel Weary Capricorn」という曲が演奏されていたが、『Still』の1曲目「The Song Of The Sea Goat ／シー・ゴートの詩」の"Sea Goat"も神話の生物である"Capricorn"を指す。シー・ゴートが歌い、旅立ちを告げる同曲は、シンフィールドが新たなる出発の思いを込めたものだったのだろう。"私"が小川、木、鳥であったならと夢想し、自身の居場所をいぶかる「Still」。想い出の封筒に繰り返し言及し、最後に封筒の縁が黒いと表現されて「The Letters」（キング・クリムゾン『Islands』収録：1971年）の手紙の衝撃にも通じる「Envelopes Of Yesterday ／想い出の封筒」。怪しい者たちが行きかう夜の幻想的な風景を夜明けまで丹念に綴っていく「The Night People」。イメージの対比や暗喩を駆使したこれらの曲には、詩人としてのシンフィールドの表現力が発揮されている。また、クリムゾンの前身バンド、ジャイルズ、ジャイルズ＆フリップに書いたものを新たに録音した「Under The Sky」の詞の牧歌的な雰囲気も好ましい。

詞を読むだけではわからないのだが、シンフィールドの後の発言によると「Envelopes Of Yesterday」はフリップに関する怒りの歌だという（『U.K.プログレッシヴ・ロックの70年代』1996年）。同インタヴューでは「正確には覚えてないけど」としつつ、同曲に登場する「Black Pig」（実際の詞は「Black Pick」）は黒い服を着たフリップのことだったと明かした。『Still』にはシンフィールドの発想やテクニックだけでなく、複雑な感情も詰めこまれていたわけだ。

ただ、シンフィールドは優しい声ではあるが歌唱力に欠け、起伏に乏しいヴォーカルは詩の朗読に近かった。菜食主義を題材に最もロック的なスタイルをとった「Wholefood Boogie」で歌い手に不向きなことが露呈している。『Still』が唯一のソロ・アルバムになったのも無理はない。本作以後の彼は、イタリアのPFMの英語詞やエ

マーソン、レイク＆パーマー『Brain Salad Surgery／恐怖の頭脳改革』(1973年)などでプログレらしい歌詞の実績をさらに積む。作詞業の軸となったのはEL&Pとのコラボだが、バンドに停滞期が訪れただけでなく、やがてパンク勃興の逆風がプログレに吹く。この時期はシンフィールドにも試行錯誤がみられた。

EL＆Pの『Works Volume 1／ELP四部作』(1977年)のバンドで録音した「Pirates／海賊」に物語的な詞を書く一方、同アルバムの「C'est La Vie」や「I Believe In Father Christmas／夢見るクリスマス」(『Works Volume 2／作品第二番』収録：1977年)といったレイクのソロ曲ではコンパクトでわかりやすいものの、ありふれた言い回しを使っていた。

そして、悪名高い『Love Beach』(1978年)に至る。組曲「Memoirs Of An Officer And Gentleman／将校と紳士の回顧録」は、物語仕立ての内容でまだプログレらしい。だが、バハマ録音で、胸をはだけたメンバーがあっけらかんと笑顔で立つ写真がジャケットの同作は、そうしたシチュエーションの通りひねりのないポップ・ソングが主だった。タイトル曲には、ラヴ・ビーチでメイク・ラヴなんて軽薄なフレーズまで飛び出す。1970年代プログレの凋落を印象づけたその「Love Beach」の詞を書いたのもシンフィールドである。プログレの詞への注目と失望の両方を引き起こした作詞家だったのだ。

彼がポップさのさじ加減を覚え、シェールやセリーヌ・ディオンのヒット曲を書く職業作詞家になりきるのは、その先の話である。

ピート・シンフィールド
『Still』(1973年)

エマーソン、レイク＆パーマー
『Works Volume 1』(1977年)

エマーソン、レイク＆パーマー
『Works Volume 2』(1977年)

エマーソン、レイク＆パーマー
『Love Beach』(1978年)

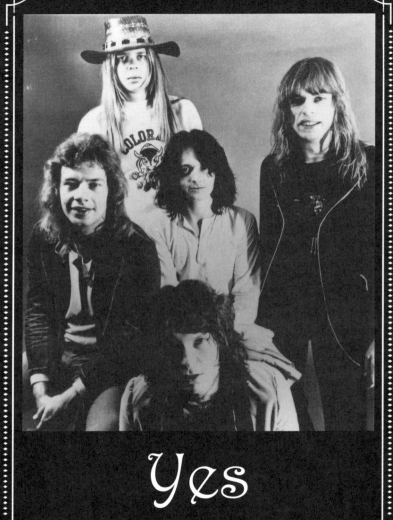

Yes

イエス

離合集散を繰り返しながらも
今なお続く肯定的な歩み

　ジョン・アンダーソン（vo）、クリス・スクワイア（b）、ビル・ブルフォード（d）などで結成されたイエスは、1969年のデビュー時からコーラスが巧みだった。やがてスティーヴ・ハウ（g）、リック・ウェイクマン（key）というスター・プレイヤーが相次いで加入し、高度なアレンジでありつつ華やかなサウンドで全盛期を迎える。『Close To The Edge／危機』（1972年）の後にブルフォードが脱退してからもアラン・ホワイト（d）を迎え勢いを持続。だが、ウェイクマンの脱退と復帰など次第に不安定期に入る。金銭問題もからんだ内紛でアンダーソン、ウェイクマンが去った時には、バグルズのトレヴァー・ホーン（vo）とジェフ・ダウンズ（key）を加入させ『Drama』（1980年）を発表。この奇策に反発するファンもいてホーンが脱退し、イエスは崩壊した。スクワイアとホワイトは、当時の新進気鋭トレヴァー・ラビン（g、vo）と組み、初期イエスに在籍したトニー・ケイ（key）も加えシネマを結成する。そこへアンダーソンが加わり、ホーンのプロデュースによりイエス名義で『90125／ロンリー・ハート』（1983年）のヒットを生む。いい時期は続かず、主導権争いからラビンやスクワイアのイエスと、黄金期編成の別バンド、アンダーソン・ブルフォード・ウェイクマン・ハウとの分裂状態になる。1991年には2組が合流し8人でツアーに出るが、不自然な編成は長く保たない。『90125』メンバーに戻って新作を出すが不発に終わり、1990年代半ばに1970年代の編成で再出発するものの、以後は時期ごとに人が出入りする。アンダーソン再離脱後は歌声の似た若手で穴埋めし、スクワイア死去後は以前在籍したビリー・シャーウッド（b、g）が後任となった。近年はハウ中心のイエス本流に加え、イエス・フィーチャリング・アンダーソン・ラビン・ウェイクマンというもう1組も活動する状態だった。

◀左ページ写真：リック・ウェイクマン（後段）、中段左より、ビル・ブルフォード、ジョン・アンダーソン、スティーヴ・ハウ、クリス・スクワイア（前段）

Roundabout

ラウンドアバウト

アートワークにも呼応する
実体験から浮遊していく視点

　黄金期のメンバーが揃った『Fragile ／こわれもの』(1971 年)で生み出されたのが「Roundabout」だった。曲名は、道路がドーナツの形（ロータリー）の環状交差点を指す。名詞でなく形容詞の場合は、回り道の、遠回しのという意味だ。

　ティム・モーズ著『イエス・ストーリー　形而上学の物語』に紹介されたジョン・アンダーソン（vo）の 1989 年の証言によると、メンバーがヴァンでアバディーンからグラスゴーへ行く最中にこの曲を作り始めたという。曲がりくねった道や谷、山々といった道中の風景に接し、彼は "Mountains come out of the sky and they stand there" とつぶやき、そのフレーズを書きとめた。「その後この道のふもとの方に来ると迂回路になっていた」（川原真理子訳）という。あと 24 時間すれば恋人と会えるという思いや、ネス湖やその周囲の山々の風景を詞に盛りこんだそうだ。

　イエスの歌詞というと抽象的で幻想的なイメージがあるが、「Roundabout」は実体験をベースにしているだけあって、まだわかりやすい。

　　　　　僕はラウンドアバウトへ向かうところ
　　　　　言葉が君を作っていくだろう
　　　　　君は自分のやりかたでその日を変えていく
　　　　　峡谷を出たり入ったり
　　　　　音を駆け抜けるこの朝

　　　　　音楽は踊り歌う
　　　　　子どもたちは踊りの輪を作る

僕は君のやりかたでその日を過ごす
峡谷を出たり入ったり
音を駆け抜けるこの朝

湖の周囲には
空から突き抜けるように山がそびえている
あと1マイル行けば僕らは君に会えるだろう
そこで僕らは10回も本物の夏を過ごせるだろうし
笑いあえる
あと24時間で僕の愛しい君と会えるはず

　前作『The Yes Album ／イエス・サード・アルバム』(1971 年)
でスティーヴ・ハウ（g、vo）が参加したのに続き、『Fragile』でリッ
ク・ウェイクマン（key）が加入したことでバンドは最強ラインナッ
プになったわけだが、同時にもう 1 人がファミリーの一員になったこ
とがイエスにとってとても大きかった。『Fragile』以降、イエス関連
のデザインを多く手がけることになったロジャー・ディーンである。
イエスのジャケットやポスターなどを飾った彼の絵の多くは、幻想世
界の風景といったものだった。
　『Fragile』では、「Roundabout」で山々、峡谷、湖、「South
Side Of The Sky ／南の空」でも川、山、空、吹雪、「Long
Distance Runaround ／遥かなる想い出」では陽光、冷たい夏、
「Heart Of The Sunrise ／燃える朝やけ」では日の出といった風景、
天候、季節が歌われる。このアルバム以後、歌詞の中に登場するそ
うした自然のあれこれは、ディーンの幻想絵画のイメージと重ねら
れて想像されるようになる。たとえアンダーソンの詞が抽象的になっ
ても、アートワークが聴くものに具体的なイメージを与えてくれるの
だ。「Roundabout」に登場する山々や湖にしても、イエス・ファン
はメンバーの発想の源となったグラスゴー近辺やネス湖の現実の風

景ではなく、ディーンの絵のような風景を思い浮かべるだろう。

　「Roundabout」では、車中から見たものを歌うだけでなく、語り手の視点が空のほうへと上昇していき、地上を見下ろすような展開になる。

　　　　漂う雲に沿って
　　　　鷲が地上を探索している
　　　　渦巻く風をつかまえ
　　　　船乗りは大地のへりを見つける
　　　　鷲は踊るように羽ばたき
　　　　天気は急変するかのようだ
　　　　近づいて大地をつかんでも
　　　　わずかに砂の粒を感じるばかり
　　　　手に入れた千の答えだって
　　　　僕らはいつも失ってしまう
　　　　君はもっと深い恐れを抱き
　　　　僕らは無限の年月に囲まれる

　このような視点の上昇と演奏の疾走感があいまって、曲の高揚感を作りあげている。バンドは『Fragile』のアートワークに関して"こわれた磁器の破片"のイメージを求めていたという。それに対し、ディーンは崩壊した惑星から住人が木造の宇宙船で旅するストーリーを考えた。その結果、ジャケットには、海の青と草木の緑に覆われた地球を思わせる星の上を翼のある宇宙船が飛んでいる絵が描かれた。この絵を見る私たちの視点は、「Roundabout」の羽ばたく鷲がさらに上昇したような高い位置にある。

　『Fragile』は、バンド全体で取り組んだ長尺曲の合間をメンバーそれぞれのソロ曲で埋めた構成であり、アルバム全体に統一的なテーマやコンセプトがあるわけではない。ただ、アナログA面が3

曲目のアンダーソンのソロ「We Have Heaven ／天国への架け橋」からドアの開閉音、そして風の音が聞こえて 4 曲目「South Side Of The Sky」につながるのに対し、B 面の最後で「We Have Heaven」の一節がやはりドアの音がしてから再登場して終わる構成になっていること、詞とディーンの絵の調和などによってまとまった印象を醸しだしている。

　アルバムからなんとなく一貫性が感じられるもう 1 つの理由は、詞の語感だ。「Roundabout」は詞のなかに曲名の単語だけでなく "out'n'out"、"in and out" とあり "out" が頻出する。また、『Fragile』では「Roundabout」、「Long Distance Runaround」、「Heart Of The Sunrise」にそれぞれ "distance" という単語が登場し、前二者の詞には "around" の響きがどちらも現れる。詞の形式として韻を踏むだけでなく、アンダーソンには語呂あわせ的に自分好みの響きで言葉を選ぶ傾向があるのだ。それぞれの歌詞の文脈とはべつに、複数の曲のヴォーカルで共通した言葉の響きが聴こえてくる。このこともまた、アルバムにまとまった質感を与えている。

　「Roundabout」は、イエスの代表曲として以後の時代はずっと歌われ続ける。80 年代には再結成したイエスから二度目の脱退をしたアンダーソンが『Fragile』期メンバーとともに ABWH（アンダーソン・ブルフォード・ウェイクマン・ハウ）を結成し、『90125 ／ロンリー・ハート』（1983 年）をヒットさせたメンバーが残る本家と対立した。その後、両組合体で 1991 年に行なわれた 8 人編成イエスのツアーでは、回転ステージの真ん中で環状交差点の真ん中に立っているかのようにアンダーソンが「Roundabout」を歌った。そのアンダーソンも 2000 年代後半に再び離脱している。イエス以外にもメンバーが組んだエイジア、GTR、YOSO などで「Roundabout」は演奏されてきた。そのことを踏まえると、車が通りすぎるのに似て、いろんな人が来ては去っていくプログレ界を象徴する交差点みたいな曲だとつくづく思う。

Roundabout

Words & Music by Jon Anderson and Steve Howe

I'll be the roundabout
The words will make you out 'n' out
You change the day your way
Call it morning driving thru the sound
    and in and out the valley

The music dance and sing
They make the children really ring
I spend the day your way
Call it morning driving thru the sound
    and in and out the valley

In and around the lake
Mountains come out of the sky
    and they stand there
One mile over we'll be there
    and we'll see you
Ten true summers we'll be there
    and laughing too
Twenty four before my love you'll see
I'll be there with you

I will remember you
Your silhouette will charge the view
Of distance atmosphere
Call it morning driving thru the sound

and even in the valley

Along the drifting cloud the eagle
   searching down on the land
Catching the swirling wind the sailor sees
the rim of the land
The eagle's dancing wings create
   as weather spins out of hand

Go closer hold the land feel partly no more
than grains of sand
We stand to lose all time a thousand
   answers by in our hand
Next to your deeper fears we stand
surrounded by million years

© 1972(Renewed)   TOPOGRAPHIC MUSIC LTD.
All rights reserved. Used by permission.
Print rights for Japan administered by Yamaha Music Entertainment Holdings, Inc.

収録アルバム
『Fragile／こわれもの』

◎収録曲
① Roundabout
② Cans And Brahms
③ We Have Heaven
④ South Side Of The Sky
⑤ 5% For Nothing
⑥ Long Distance Runaround
⑦ The Fish (Schindleria Praematurus)
⑧ Mood For A Day
⑨ Heart Of The Sunrise

◎発表年
1971年

◎プロデュース
イエス、エディ・オフォード

◎参加メンバー
ジョン・アンダーソン（vo）
スティーヴ・ハウ（g、vo）
クリス・スクワイア（b、vo）
ビル・ブルフォード（d、per）
リック・ウェイクマン（key）

5人の個性の融合による黄金時代の到来

　オルガンに固執したトニー・ケイからウェイクマンに鍵盤奏者交代したことでイエスは歴代最強ラインナップになった。ウェイクマンは演奏能力に優れるだけでなく、オルガンに加えピアノ、ハープシコード、メロトロン、ミニモーグなど多彩なキーボードを操ってサウンドを華やかにした。そんな彼による②、アンダーソンが多重録音でコーラスを重ねた③、変拍子好きのブルフォードの⑤、ギタリスト並みに派手に弾くスクワイアの⑥、ハウのスパニッシュなアコギ⑧とメンバーのソロ曲が配され、メンバー各人の個性とテクニックをプレゼンしている。とはいえ、やはり聴きものはバンド一丸となった曲であり、ギターとキーボードのかけあいが目立つ一方でリズム隊もきめ細かなプレイをしている①、⑨などは、この時期ならではの聴きごたえがある。そして、高度な演奏をバックに少年のような声でアンダーソンが無邪気に歌う。イエスは本作でバンドが奏でるべき音を見つけたのだった。

Close To The Edge
IV. Seasons Of Man

危機　人の四季

東洋思想に触発された
自己変革から悟りへの道

　『Close To The Edge／危機』（1972 年）のアナログ A 面を占めたタイトル曲は、4 つのパートからなる大作だ。意味をつかもうとすると難解な詞である。まず、「I. The Solid Time Of Change／着実な変革」で私とあなたは変わるべきだという主題が提示され、「II. Total Mass Retain／全体保持」で様々な現実の困難を通り抜けて全体性の獲得にむかう。「III. I Get Up I Get Down／盛衰」では目覚め（上昇）と安らぎ（下降）を繰り返すなかで真実に開眼することが予期され、ついに「IV. Seasons Of Man／人の四季」で完全な自分を見出して悟りに至る。大まかにはこのような流れだろうか。

　この大曲はジョン・アンダーソンとスティーヴ・ハウの共作で詞も 2 人で書いている。ハウによるとコーラスは彼、ヴァースはアンダーソンによるもの。「テムズ川のすぐそばで暮らしていることについて書いた歌だ。川のほとりの、崖のそばにいたんだ」（『イエス・ファイル』）というハウの詞を、アンダーソンが宗教的な方向へ膨らました。「III. I Get Up I Get Down」で十字架のはりつけや啓示を受けた女性に言及した部分はハウが書いており、キリスト教的なイメージを帯びている。だが、曲全体はアンダーソンが持ちこんだ東洋的な神秘思想に覆われている。

　ここで紹介するのは、4 部構成を締めくくる「IV. Seasons Of Man」だ。

　　　　時間のなかで音が様々な場面を色づかせる
　　　　常に勝利をもてはやすことが
　　　　人を混乱させるのだ　きっと
　　　　焦点が明確になった空間で愛への理解は高まっていく

歌と幸運が時間を育み
　　失われていた社会の節度があたりを支配する

　　そして　男は宙に腕を伸ばして見せた
　　彼は振り向き指し示した　すべての人類が姿を現すのを
　　私は首を振り微笑んで囁いた
　　その場所のすべてを知っていると
　　丘の上から私たちは静穏な谷間を見渡す
　　循環していた過去の証人として呼び出され
　　すでに発された言葉たちの合間で
　　私たちはあらゆるものに触れる

　この場面に登場して宙に腕を伸ばす男には、宗教者のイメージがある。
　アンダーソンは、ヘルマン・ヘッセの『シッダルタ』、『東方巡礼』

『シッダルタ』
著：ヘルマン・ヘッセ
訳：手塚富雄
岩波文庫

から啓発されて詞を書いたと述べている。特に影響の大きかった小説『シッダルタ』では、出家した釈迦（シッダルタ）が苦行の末に川のほとりで流れの音に耳をすまし、悟りをうる。

「そしてシッダルタが注意深く、この河、この千万の声の歌に耳をすまし、苦悩と笑いとを分離することなく、おのが魂を特定の声に結びつけてそれに自我を投ずることなく、すべての声、全体、一を聴き取った時、千万の声の大いなる歌はただ一つの語から成っていた、即ち「オーム」──完成──の一語から」（手塚富雄訳）

「IV. Seasons Of Man」にも川が登場し、『シッダルタ』の"オーム"に対応する"完全（whole）"という言葉が用いられている。

へりに近づき　川辺へ下れば
果てまで下りて　角を回りこめば
いくつもの季節があなたを通り過ぎるだろう
今すべては終わり成しとげられた
種子に呼びかけ　太陽の命を受け
今あなたは見出し　今あなたは完全になる
いくつもの季節があなたを通り過ぎるだろう

私は目覚め　私は静まる
私は目覚め　私は静まる

"へりに近づき　川辺へ下れば"、"いくつもの季節があなたを通り過ぎるだろう"というフレーズは、最初の「I. The Solid Time Of Change」から歌われており、冒頭の問題提起が最後に落着した形だ。アンダーソンは1973年の来日時、多くの人が価値観を失って迷う現在、状況から抜け出すため人間は神を意識し原点に戻るべきだというのが、「Close To The Edge」のテーマだと語っていた。原点回

帰を意味する"down by the river"については「何故なら、僕らは川から、海からやってきたのだから」（伊藤政則著『ＹＥＳ　神々の饗宴』）と説明した。

　ロジャー・ディーンによるアルバムのデザインは、前作『Fragile／こわれもの』（1971年）の壊れた惑星から旅立った木の宇宙船の物語が『YESSONGS』（1973年）まで続くという趣向だったが、両作の間にリリースされた『Close To The Edge』の内側には海のへりから水が流れ落ちる絵が使われ、歌詞のイメージと呼応していた。

　また、アンダーソンは「Close To The Edge」の内容を質問されるたびに、自己実現であるとか悟りであるとか雄弁に語っている。彼は詞のテーマを饒舌に話すが、同曲についても「言葉の純粋な響きに対する関心を持っているんだ」、「ヴォーカル・サウンドとして聴こえればそれでいいんだ」（『ＹＥＳ　神々の饗宴』）というなど、語感重視であることを隠さない。

　メンバーは、"I Get Up I Get Down"のフレーズなどにドラッグによるトリップのニュアンスがあることを認めている。曲を共作したハウは、アンダーソンとの作詞のやりとりを当然、肯定的に話していた。だが、ライヴでアンダーソンの歌う主旋律に対して高音のハーモニーをつけ続けた故・クリス・スクワイア（b, vo）はどうだったか。結成時から2015年に亡くなるまでずっとイエスのメンバーで、バンドの人事部長的役割を務めたスクワイアは、インタヴューでたびたびアンダーソンの歌詞のわけのわからなさを語っていた。嘲弄的な態度を見せたこともしばしばだった。

　「ジョンが何よりも大切にしたのは言葉の響きだった。ヴォーカルがどう聴こえるか、それをいつも考えながら作詞していた。歌詞の実際の意味は二の次だったのさ（笑）。そういうわけで、僕はずっと意味のない言葉をコーラスで歌っていた（笑）」（マーティン・ポポフ著『イエス全史』、川村まゆみ訳）

　『Close To The Edge』制作中のスタジオを訪れたクリス・ウェル

チは、著書『ザ・ストーリー・オブ・イエス』（小山薫・吉田結希子訳）で、ビル・ブルフォード（d）とアンダーソンに以下の口論があったと紹介している。

「〈全体保持（Total Mass Retain)〉っていったいどういう意味なんだよ！」
「〈全体保持（Total Mass Retain)〉のどこがいけないんだよ！」
「なんで"ゲロ"って呼ばないんだよ！」

　めちゃくちゃである。ブルフォードはこのアルバム制作後、イエスを脱退しキング・クリムゾンに加入するが、そちらでは『Starless And Bible Black ／暗黒の世界』(1974 年) を "Braless And Slightly Slack"（ブラをせず、わずかなたるみ）と洒落で呼んだという（シド・スミス著『クリムゾン・キングの宮殿　風に語りて』）。恐ろしく口が悪い。ちなみにブルフォードとアンダーソンの口論を聞いていた時にウェルチは、" 全体返事（total mass return)"と勘違いしていたそうだ。
　深淵でありつつナンセンス・ギャグでもある。それがアンダーソンの詞かもしれない。

Close To The Edge IV. Seasons Of Man

Words & Music by Jon Anderson and Steve Howe

The time between the notes relates the
color to scenes
A constant vogue of triumphs dislocate
man, so it seems
And space between the focus shape as-
cend knowledge of love
As song and chance develop time, lost so-
cial temperance rules above

Then according to the man who showed
his outstretched arm to space
He turned around and pointed, revealing
all the human race
I shook my head and smiled a whisper,
knowing all about the place

On the hill we viewed the silence of the
valley
Called to witness cycles only of the past
And we reach all this with movements in
between the said remark

Close to the edge, down by the river
Down at the end, round by the corner
Seasons will pass you by
Now that it's all over and done

Called to the seed, right to the sun
Now that you find, now that you're whole
Seasons will pass you by

I get up,
I get down
I get up,
I get down
I get up,
I get down

© 1972(Renewed)   TOPOGRAPHIC MUSIC LTD. and WB MUSIC COPR.
All rights reserved. Used by permission.
Print rights for Japan administered by Yamaha Music Entertainment Holdings, Inc.

収録アルバム
『Close To The Edge／危機』

◎収録曲
① Close To The Edge
　I. The Solid Time Of Change
　II. Total Mass Retain
　III. I Get Up, I Get Down
　IV. Seasons Of Man
② And You And I
　I. Cord Of Life
　II. Eclipse
　III. The Preacher The Teacher
　IV. The Apocalypse
③ Siberian Khatru

◎発表年
1972年

◎参加メンバー
ジョン・アンダーソン（vo）
スティーヴ・ハウ（g、vo）
クリス・スクワイア（b、vo）
ビル・ブルフォード（d、per）
リック・ウェイクマン（key）

◎プロデュース
イエス、エディ・オフォード

ロック&ポップを見事に昇華した大作主義の極北

　大曲主義が開花して収録は3曲のみ。①は水音や鳥の声のSEからノイジーなインストに雪崩れこむオープニングが挑戦的だが、以後の展開はわかりやすい。4部構成であり、2部はエレクトリック・シタールを軸にした演奏でヴォーカルも入って軽快に進む。ドラムレスになる3部はキーボードとコーラスの荘厳な展開。パイプ・オルガンとモーグで盛りあげオルガン・ソロが披露される一方、リズム・セクションも手のこんだ動きを見せてから、4部で軽快な曲調へ回帰し大団円。ギターやオルガンの繰り返されるフレーズを組みあわせ曲の大枠を作った点は、①だけでなくフォーク調で穏やかな②、アップ・テンポで疾走する③も同様だ。曲調がとりとめなく変化して全体像がつかみにくい次作以降の大曲とは異なり、本作はリフを中心に歌メロ、コーラス、ソロを配置するロックらしい骨法でできている。ゆえにキャッチー。プログレにおけるポップの幸福な形を示した作品だ。

Soon
from "The Gates Of Delirium"

スーン（錯乱の扉）

戦争の惨禍に立ち向かう
アンダーソンの平和への祈り

　『Close To The Edge ／危機』(1972 年) で東洋思想をモチーフにしたイエスは、2 枚組 4 部構成の『Tales From Topographic Oceans ／海洋地形学の物語』(1973 年) でいっそう神秘主義に傾倒する。このアルバムの詞は、ジョン・アンダーソンがキング・クリムゾンのジェイミー・ミューア (per) からもらったパラマハンサ・ヨガナンダの自伝『あるヨギの自叙伝』がモチーフになっていた。ただ、アンダーソンはツアー先の東京のホテルで本をめくっていて、脚注の 4 つの言葉からインスパイアされたという。長大な本文 (日本語版はハードカバーで 2 段組 500 頁強) のほうは、まともに読んでいなかっただろう。

　彼によると『Tales From Topographic Oceans』は、第 1 部は神の存在を知る喜び〈「The Revealing Science Of God (Dance Of The Dawn) ／神の啓示」〉、第 2 部は人間の歴史〈「The Remembering (High The Memory) ／追憶」〉、第 3 部は中国、インド、メキシコなどの古代文明〈「The Ancient (Giants Under The Sun) ／古代文明」〉を表現し、第 4 部〈「Ritual (Nous Sommes Du Soleil) ／儀式」〉がサンスクリット教典に基づいた人生の儀式と関係しているそうだ (片山伸監修『イエス・ファイル』)。

　アンダーソンがヒントを得たのは、"シャストラ"(聖典) の注釈である。日本語版に基づいて要約すると、神の啓示を記した"シュルティ"、代々語り継がれた教訓"スムリティ"、古代の寓話"プラーナ"、儀典である"タントラ"の 4 群から"シャストラ"は成るという。アルバムの構成は、なるほど"シュルティ"の 4 群に基づいている。

　アンダーソンはこの頃、ヨガナンダの本とともにヴェラ・スタンリー・オールダー『第三の眼の覚醒』にも影響を受けていた。書名の通り、

左右の眼以外の第三の眼を覚醒させることで悟りへ至ることを説いた内容であり、アンダーソンはオールダーに電話して書き終えたアルバムの詞を聞かせ、意見を求めたそうだ（伊藤政則『イエス　神々の饗宴』）。

　というわけで『Tales From Topographic Oceans』は、詞の内容も歌い方もお経みたいな雰囲気がある。この大作はイエスにしか作れない傑作だとも冗長な失敗作だとも評されてきたが、後者の反応を示したのがリック・ウェイクマンだった。本文ではなく脚注から大作をひねり出したアンダーソンに対しウェイクマンは、「お前はサンデータイムズのカラー版付録に載った記事を読んだだけで突然エキスパートになったってわけだろう」（クリス・ウェルチ『ザ・ストーリー・オブ・イエス』）と皮肉を言い、間もなくバンドを脱退した（そして、間もなく復帰し、あとは出たり入ったりになるわけだが）。

　代わりにパトリック・モラーツ（key）が加入して録音された次の作品は、『Relayer』（1974年）と名づけられた。"Relayer"という言葉は前作第2部「The Remembering (High The Memory)」にも登場していた。辞書を引くと"リレー選手"とあるが、「The Remembering」では死者の前でとか、物語をたどり直すといった状況で"Relayer"と呼びかけていたから、継承者、伝道者といった意味を込めたのかもしれない。あるいは、例によって響き重視で選ばれただけかもしれない。とはいえ、混乱の後に平穏を希求するという歌詞の全体的な方向づけは、『Close To The Edge ／危機』（1972年）、『Tales From Topographic Oceans』から『Relayer』へと継承されている。

　以前と違うのは、ジャズ寄りのプレイが特徴のモラーツが加わったことでサウンドが攻撃的になったこと。それに応じてか、アナログA面を占めた「The Gates Of Delirium ／錯乱の扉」は、ロシアの文豪トルストイの長編小説『戦争と平和』をモチーフとした内容である。はっきりとストーリーを語る詞ではないが、立ち上がらなけれ

ば自由はない、敵など殺しまくれ、勝利して栄光を得るのだと戦意
が高揚する前半の詞は、前々作や前作の宗教的な幻想性、神秘性
に満ちた詞よりも理解しやすい。この後、戦争を音で表現した激烈
な演奏が長尺で展開されてから、ようやくヴォーカルが戻ってくる。
その切りとられた大曲の後半が「Soon」と名づけられ、シングル化
もされたのだった。

　　　　すぐに　もうすぐに光が
　　　　内側へと射しこみ　この終わりなき夜を安らがせる
　　　　そして　この場所であなたを待つのだ
　　　　私たちの理性はここにある

　　　　すぐに　もうすぐに時が
　　　　人々が獲得しようとしたものすべてを
　　　　成就させ平穏にする
　　　　私たちの心は開かれる
　　　　私たちの理性はここにある

　『戦争と平和』を題材にした「The Gates Of Delirium」では入
り組んだ演奏が繰り広げられるものの、前半が戦争、後半が平和だ
から構成としてわかりやすい。アンダーソンは、私たちはなぜ戦争
し続けなければならないのかという感情を歌った曲であり、「前奏曲
があって、突撃、勝利の曲と続き、未来への希望を込めた平和で終
るんだ」と説明した。それに対し、クリス・スクワイアは「僕たちは
歌詞を元に曲を作っているのではなく、曲を元に作り上げている」、「曲
に合わせて実際の歌詞を書いたんだ」と述べている（ティム・モー
ズ『イエス・ストーリー』）。歌詞を仕切るヴォーカリストと演奏重視
のバンド人事部長では、コンセプトや詞とサウンドの関係の捉え方
に温度差がある。

音で聴く戦争映画のように作られた「The Gates Of Delirium」
には、それ以前の曲よりも現実的な印象がある。ただ、締めくくりの
「Soon」に関しては、戦いが終わって平穏が訪れることだけではなく、
宗教的な祈りもこめられている。

　　　　ずっと昔　それは詩にこめられていた

　　　　すぐに　もうすぐに光が
　　　　いつも私たちが形作ろうとしているもの
　　　　私たちの正義を照らす
　　　　太陽が人々を導くだろう
　　　　私たちの理性はここにある

　アンダーソンは「Soon」について「神聖な存在に "この世界を光
で照らしてください、我々にはここに存在する理由が必要なのです "
と訴えているんだよ」(マーティン・ポポフ『イエス全史』)と語って
いる。この曲でも神の存在が意識されているわけだ。遡れば、前作
『Tales From Topographic Oceans』をしめくくる第4部「Ritual」
は、"Nous Sommes Du Soleil（私たちは太陽の子ども）"と繰り
返して大団円を迎えた。その太陽を「Soon」は引き継いでいる。
　大曲の一部である「Soon」は、アンダーソンがこだわってきた宗
教的な悦びが、コンパクトで親しみやすい形に抜粋されている。救
われるためには長いお経を全部読み上げなくとも「南無阿弥陀仏」
と唱えるだけでよいというような気軽さが「Soon」にはある、といっ
たら宗教者に怒られるだろうか。

Soon from "The Gates Of Delirium"

Words & Music by Jon Anderson

Soon Oh soon the light
Pass within and soothe this endless night
And wait here for you
Our reason to be here

Soon Oh soon the time
All we move to gain will reach and calm
Our heart is open
Our reason to be here

Long ago, set into rhyme

Soon Oh soon the light
Ours to shape for all time, ours the right
The sun will lead us
Our reason to be here

© 1985 AFFIRMATIVE MUSIC
All rights reserved. Used by permission.
Print rights for Japan administered by Yamaha Music Entertainment Holdings, Inc.

収録アルバム
『Relayer／リレイヤー』

◎収録曲
① The Gates Of Delirium
② Sound Chaser
③ To Be Over

◎**発表年**
1974年

◎**参加メンバー**
ジョン・アンダーソン（vo）
スティーヴ・ハウ（g, vo）
クリス・スクワイア（b, vo）
アラン・ホワイト（d, per）
パトリック・モラーツ（key）

◎**プロデュース**
イエス、エディ・オフォード

幻想・大作時代を締めくくるモダンな名作

　モラーツ加入のインパクトが大きかったアルバム。イエス史上最長曲の①は、歌が入る前半、インストが続く中間部、再び歌が入る後半（「Soon」）の三部構成になっている。アンサンブルの変化が顕著なのは、ギターとシンセが交互にソロを弾き、ベースも暴れる中間部だろう。戦争を音で表現した攻撃的な演奏が続く。また、金属片を叩いたほか、砲弾が飛びガラスが割れる音、銃声などを加えたミュージック・コンクレート的な手法は、モラーツの提案によるもの。②では彼の弾くエレクトリック・ピアノを軸にして、リズムが複雑に変化するクロスオーヴァー的なアレンジになっている。これら2曲の激しさやスピード感と反対に③では、穏やかで幽玄な世界が演出される。様々な弦楽器を持ち換えて音色に変化をつけるハウの流儀がここでも活かされており、イエスお得意の東洋的要素を含んだ曲調を、エレクトリック・シタール、スティール・ギターなどで盛りあげている。

「Owner Of A Lonely Heart」が描いた
新たな肯定

　『Drama』（1980年）の後にイエスは解散状態となり、クリス・スクワイアとアラン・ホワイトは、南アフリカ出身のトレヴァー・ラビンと新バンド、シネマを結成する。ラビンはソロ用に書きためた曲を持ちこむが、プロデューサーに『Drama』でヴォーカルだったトレヴァー・ホーンが迎えられ、ジョン・アンダーソン、トニー・ケイまでが合流してシネマからイエスへ改名。そして、『90125／ロンリー・ハート』（1983年）が完成するまでに曲も変化した。

　変貌が顕著だったのは、イエスを代表するヒット曲になった「Owner Of A Lonely Heart／ロンリー・ハート」だ。ラビン名義で2003年にリリースされた『90124』にはシネマ以前のデモ音源が集められていた。そこには同曲も含まれており"孤独な心の持ち主"というサビも歌われていたが、ホーンやスクワイアの関与によって曲構成やアレンジはかなり変わった。また、詞も、ホーンによる書き換え、さらにはアンダーソンによる追加修正が行なわれたという。曲のクレジットは、ラビン、アンダーソン、スクワイア、ホーンの共作とされている。

　1970年代のイエスではアンダーソンが東洋思想に影響され、幻想的でありつつ言葉の響きを重視して詞を書いた。日本語で"イエス"と書くとキリスト教的イメージになるが、ジーザス（Jesus）のイエスではなく肯定を意味する"Yes"にすぎない。とはいえ、アンダーソンの詞は人生をいかに愛し肯定するかがテーマの基軸であり、宗教的思索も含んでいた。それに対し、ラビンが曲作りの中心となった『90125』時代は、サウンドがソリッドになるとともに言葉使いもわかりやすくなった。だが「Owner Of A Lonely Heart」は、自由になるため自分から動け、自身を見つめろと鼓舞する内容であり、人生の肯定がテーマである点は以前と共通する。ただ、表現が直接的になり、1970年代が宗教的だったとするならば、1980年代は自己啓発的になったという印象だ。僕にはできる、答えが待っていると歌う「Hold On」、それはきっと起きると励ます「It Can Happen」、変化を肯定する「Changes／変革」、2つの心が寄りそう愛の光景を言祝ぐ「Two Hearts」など、他の曲にも自己啓発的な前向きさが見てとれる。

　興味深いのは、「Owner Of A Lonely Heart」の詞に関してアンダーソンが手を入れたのが、一羽だけで飛ぶ鷲の姿を歌った部分だったという話。それは"孤独な心の持ち主"の象徴だろう。MTV流行の時代に発表された同曲はヴィデオも作られ、突然拘束された男が無数の虫が顔をはうなどの幻覚に襲われつつ、自由を求める内容だった。映像中ではバンドのメンバーが蛇、蠍、猫などの生き物に変身しつつ登

場し、ビルの屋上で彼らに追いつめられた主人公は飛び降り、鷲になって滑空する。鷲への変身は、歌詞とリンクしている。

　アンダーソンは以前にも鷲のイメージを詞に用いていた。イエスの1970年代の代表曲「Roundabout」では、走る車中から見た山々や湖の景色を描写した後、空を飛ぶ鷲が地上を見下ろすという視点の転換で曲を展開していた。彼は鷲を登場させることで1970年代のイエスと1980年代のイエスをつなげたのだろうか。ただ、後にラビンは、アンダーソンが「Owner Of A Lonely Heart」の詞を書きかけのまま国外へ行ってしまったので「そこで僕がジョンの書きそうな歌詞に書き替えたわけだよ」（ティム・モーズ著『イエス・ストーリー』）とも証言している。鷲の部分こそ、アンダーソンが書きそうな詞なのだが……。ついでにいえばホーンも『Drama』時代に「We Can Fly From Here」という飛翔するイメージの曲を書いていた。

　面白いのは、「Owner Of A Lonely Heart」は1983年の完成だが、アンダーソン加入前のシネマはラビン作で彼がヴォーカルの「Make It Easy」を1981年に録音していたこと。1991年に公式発表された同音源の詞は、鷲が飛ぶ光景から歌い始められていた。どちらにせよアンダーソンとラビンは、鷲のイメージを共有していたことになる。それを意識してかどうかはわからないが、ライヴでは「Make It Easy」の歌が入る前までの序盤部分を「Owner Of A Lonely Heart」のイントロとして演奏することが多かった。詞の鷲を踏まえれば、このメドレー形式には必然性があったわけである。しかし、やがて彼らは誰がイエスの"持ち主"かで争い、分裂状態に突入したのだ。

イエス
『90125』（1983年）

イエス
「Owner of a Lonely Heart」

111

Emerson, Lake & Palmer

エマーソン、レイク&パーマー

パフォーマンス性も豊かな
プログレ界最強トリオ

　ザ・ナイスのキース・エマーソン（key）、キング・クリムゾンのグレッグ・レイク（b, vo）、アトミック・ルースターのカール・パーマー（d）という実績のある3人で結成され、1970年にデビューした。オルガンの上に立ったり、下じきになって後ろ側から手を伸ばし逆向きに弾くほか、鍵盤にナイフを刺す（1972年の来日時には日本刀）といったエマーソン。ドラム・ソロでバス・ドラムを連打しながらTシャツを脱ぐパーマー。そうした派手なパフォーマンスを披露する一方、クラシックを引用した彼らのサウンドはテクニカルで、レイクのバラードは叙情的だった。そうして高い人気を得たエマーソン、レイク＆パーマーは、自己主張の強い3人が争い続け、『Works Volume 1／ELP四部作』（1977年）ではアナログのA、B、C面がそれぞれのソロ、バンドとしての曲はD面だけという変則的構成になった。直後のオーケストラを連れたツアーが大幅赤字だったことから亀裂は深まり、『Love Beach』（1978年）の制作後、1980年に解散が発表された。1980年代にはジェネシス、イエス、エイジアなどプログレ勢の再活躍が目立ち始める。そして、エイジアで活動中だったパーマーの代わりにコージー・パウエルを迎え、『Emerson Lake & Powell』（1986年）が発表された。頭文字の"ELP"は維持されたのである。だが、新トリオは短期間で分解。1992年にようやく本来の3人が揃ってEL&Pが再結成され、新作2作を発表しライヴ活動を展開した。2010年にはパーマー抜きのエマーソン＆レイクとしてもツアーを行なっている。しかし、2016年3月10日、エマーソンは自宅にて銃で自殺。彼は右手の神経性障害を患い手術したが、うまく弾けなくなったことを悩んでいた。演奏に対するファンの批判をネットで読んだのが、死の引き金だったという。同年12月7日にはレイクも癌で死去した。

◀左ページ写真：左より、キース・エマーソン、カール・パーマー、グレッグ・レイク

Tarkus
f) Battlefield

タルカス　f) 戦場

怪獣大戦争の背景に滲む
戦争の悲惨さへの嘆き

　『Tarkus』（1971 年）でアナログ盤の A 面すべてを占めていたタイトル曲は、エマーソン、レイク＆パーマーの代表作の 1 つだが、音を聴いているだけではストーリーを理解できない。7 つのパートに分かれたこの大曲のうち、歌詞があるのは 3 つのパートにすぎない。これに対し、アナログ盤ではアルマジロと戦車が一体化した怪獣タルカスが表ジャケットにデザインされていただけでなく、内側に見開きで絵物語が展開されていた。曲はそれに沿って進んでいく。

　火山の噴火に伴って卵から誕生したタルカスが、兜のような頭と体を持った怪物や翼竜のような敵を撃退した後、人のごとき顔、獅子の体、蠍の尾を持つマンティコアと対決する。だが、相討ちとなってタルカスは川へ流されていく。それが大まかなストーリーである。

　このうち半人半獣のマンティコアはアジア発祥の伝説の生物であり、1973 年に EL&P が立ち上げたレーベルは、"マンティコア・レコード"と命名された。そこからは EL&P やピート・シンフィールドのほか、PFM（プレミアータ・フォルネリア・マルコーニ）、バンコ（・デル・ムトゥオ・ソッコルソ）といったイタリアのバンドのアルバムがリリースされた。

　『Tarkus』でジャケットを担当したのは、スコットランドのデザイナー、ウィリアム・ニールである。彼が図面の下のほうに小さく落書したアルマジロ戦車を気に入ったキース・エマーソンが、カートゥーン・ストーリー（マンガ物語）にしてくれといったことがデザインの始まりだったという。怪獣をタルカスと名づけたのもエマーソンだ。「Tarkus」は SF スペクタクル的なイメージを打ち出していたわけで、インストゥルメンタル・パートは、怪獣同士の激突をメンバー 3 人のアグレッシヴな演奏の応酬で表現している。それに対し、当初は

「Tarkus」のコンセプトに乗り気ではなかったというグレッグ・レイクが作詞した３つのヴォーカル・パートは、「b) Stones Of Years」で出現した怪獣を時代の象徴と扱い、「d) Mass ／ミサ聖祭」ではキリスト教関連の用語をちりばめて運命を強調し、「f) Battlefield ／戦場」で戦争の虚しさを嘆くといった流れになっている。

「f) Battlefield」は次のように歌いだされる。

> 戦場の清算をして　見せてもらおうではないか
> 我らが勝利の成果のすべてを
> お前は自由を語るが飢えた子らが倒れている
> そして季節の呼び声が聞こえるのにお前は耳をふさぐ

　このうち "Starving Children ／飢えた子ら" は、レイクが EL&P 参加以前に在籍したキング・クリムゾンで歌っていた「21st Century Schizoid Man ／ 21 世紀のスキッツォイド・マン」(『In The Court Of The Crimson King』収録:1969 年) にあったフレーズである。また、「b) Stones Of Years」には時代の風に語りかけるといった部分があり、これも『In The Court Of The Crimson King』収録の「I Talk To The Wind ／風に語りて」の一節の応用だ。さらに「b) Stones Of Years」では種を蒔くことが時の流れに一石を投じる象徴的な行為として登場するが、この表現も同作収録の「Epitaph ／エピタフ (墓碑銘)」に見られたものだった。レイクの詞は、初期クリムゾンの専属作詞家だったピート・シンフィールドからの影響が大きい。

> 焼き尽くされた大地を見たのではなかったのか
> お前は恐ろしげな松明の傍らに立っていたのではないか
> 哀しみの木の葉が色あいを変え
> 恥辱の灰へと散り散りになるのを知るがいい

あらゆる刃が鋭い切れ味を示し　矢が降り注ぐ
お前の軍勢の前には死屍累々
草のごとく剣が　雨のごとく矢がありふれた場所
そこには哀しみも痛みも存在しえない

　『Welcome Back, My Friernds, To The Show That Never
Ends 〜 Ladies And Gentlemen』（1974 年）収録のヴァージョン
のように、ライヴでは「Battlefield」に続けてレイクは "Confusion
Will Be My Epitaph" と「Epitaph」のサビをしばしば歌っていた。
戦火で荒れ果てた光景、時の運命に抗いたい心情、暗い予感と嘆き。
そうした要素を「Tarkus」は『In The Court Of The Crimson
King』を受け継いでいたから、「Battlefield」に「Epitaph」を挿入
しても言葉の連なりかたとして違和感はない。

　「Tarkus」では、アルマジロ戦車のタルカスを筆頭に、兜のよう
な頭と体を持った怪物と翼竜のいずれもがミサイルや機銃らしきも
のを体に有している。半獣半機械の化け物なのだ。これはモーグ・
シンセサイザーをはじめ電気の楽器でいわば武装した EL&P という
バンドの音楽性の比喩でもあるだろう。それに対し、タルカスのライ
バルで善玉的に登場するマンティコアは、人のごとき顔、獅子の体、
蠍の尾という体の構成で硬い尾が金属質にみえなくもないものの機
械の要素は見られない。

　ウィリアム・ニールの絵物語は、機械性の有無で怪獣たちの対立
軸を作っていたわけだ。そのことは、レイクの美しいテナーで情感を
高め、アコースティックな面を強めることが多い歌ものと、エマーソ
ンを中心に情を排したマシンのごとく高度なテクニックで現代音楽
的なフレーズを演奏するインストゥルメンタルのコントラストで
EL&P が成り立っていることのパラフレーズであるように見える。ま
た、マンティコアの体にしてもタルカスと同じく異質な要素の組み合
わせでできあがっており、そのことはロック、クラシック、ジャズを

融合した EL&P のキメラ的性格と重なる。それゆえ、彼らのレーベルにマンティコアの名が冠されるのはふさわしい。

　『Tarkus』のジャケット・デザインにそういった暗喩を読みこむことはできる。だが、絵物語は怪獣同士の対決が大部分を占めており、それ以外には要塞らしきものが描かれているくらいで、山や川以外の風景、戦火に巻きこまれたほかの生き物たちの姿は見えない。そのように絵からは欠落した部分を埋めるのが、レイク作詞による歌ということになる。

　絵物語では虹のように色分けされた抽象的な背景で怪獣の激闘が演じられた。焼き払われるようなものは見当たらない。それに対し、「Battlefield」の歌詞内で描かれる戦場は、木の葉があって季節がめぐる土地であり、苦しむ子どもたちの存在が示される。哀しみや痛みなど人間のネガティヴな感情までもが、戦火で失われたことが嘆かれる。アクション中心に単純化された絵物語には欠けていた世界の奥行や情緒を、レイクが歌で補った形だ。

　ただ、ベトナム戦争を意識して書かれた『In The Court Of The Crimson King』の詞ほど重苦しくないし、シンフィールドほど比喩や韻に凝っているわけではない。トルストイ『戦争と平和』から着想されたイエス「The Gates Of Delirium ／錯乱の扉」（『Relayer』収録：1974 年）もそうだが、戦争を題材にしたロックの力作は多い。その中で怪獣戦争の絵物語から制作がスタートした「Tarkus」にさほど深刻な響きはない。レイクが焼け野原の嘆きをいくら歌いあげようと、結局、アルマジロ戦車のイメージに帰結するのだ。1970 年代後半のライヴではこの曲に『スター・ウォーズ』、『未知との遭遇』という SF 映画のテーマ曲のフレーズを混ぜていたし、後年、エマーソンは『ゴジラ Final Wars』（2004 年）のサントラ制作に参加した。

Tarkus f) Battlefield

Words&Music by GREGORY LAKE

Clear the battlefield and let me see
All the profit from our victory
You talk of freedom, starving children fall
Are you deaf when you hear the season's
call?

Were you there to watch the earth be
    scorched?
Did you stand beside the spectral torch?
Know the leaves of sorrow turned their
    face
Scattered on the ashes of disgrace

Every blade is sharp, the arrows fly
Where the victims of your armies lie
Where the blades of grass and arrows rain
Then there'd be no sorrow,
Be no pain?

Copyright © LEADCHOICE LTD.
Permission granted by K.K. Music Sales
Authorized for sale in Japan only

収録アルバム
『TARKUS／タルカス』

◎収録曲
① Tarkus
　a) Eruption
　b) Stones Of Years
　c) Iconoclast
　d) Mass
　e) Manticore
　f) Battlefield
　g) Aquatarkus
② Jeremy Bender
③ Bitches Crystal
④ The Only Way (Hymn)
⑤ Infinite Space (Conclusion)
⑥ A Time And A Place
⑦ Are You Ready, Eddy?

◎発表年
1971年

◎参加メンバー
キース・エマーソン（org、p、key）
グレッグ・レイク（vo、b、g）
カール・パーマー（d、per）

◎プロデュース
グレッグ・レイク

トリオとは思えない壮大なオーケストレーション

　鍵盤によるハード・ロックというEL&Pの本領発揮のセカンド。①は、4分の5拍子のリズムがインパクト大の「Eruption／噴火」から始まる7部構成だ。エマーソンは前作以上にモーグ・シンセを効果的に鳴らし、パーカッシヴなオルガン演奏で曲を引っ張っていく。「Iconoclast」や「Manticore」ではパーマーがアグレッシヴかつ音色としても派手なドラミングで、トリオ編成と感じさせない壮大なサウンドの実現に貢献している。また、シャウトしてもジェントルな印象を残すレイクのテナー・ヴォイスは、ハードであると同時にクラシック指向のこのバンドにふさわしい歌声である。アナログでは①がA面を占め、B面には短い曲が並んでいた。ホンキートンクの②やロックンロールの⑦ではピアノ、バッハを引用した賛美歌風の④では教会のオルガンを弾くエマーソンは、曲調や楽器の特性にあわせてフレージングを変える。キーボーディストとしての彼の才能を見せつけた1作だ。

Promenade
from "Pictures At An Exhibition"

プロムナード（展覧会の絵）

展覧会の絵画たちが示唆する
来たるべき死への不安

　エマーソン、レイク＆パーマー（EL&P）にとって初期からライヴ
で披露していた「Pictures At An Exhibition ／展覧会の絵」は、ロッ
ク、クラシック、ジャズの融合を信条とした彼らの音楽性を象徴す
る代表曲となり、活動期間を通して長く演奏し続けることになった。
よく知られているようにこの大作は、ロシアのモデスト・ムソルグス
キーが19世紀に書いた曲がオリジナル。もともとピアノ組曲として
作られたものだったが、モーリス・ラヴェル編曲のオーケストラ版に
よって広く親しまれるようになった。以後も多くのアーティストによっ
て様々な形に編曲されてきたが、なかでも大胆な改作で有名になっ
たのが、EL&P版である（原題はロシア語だが、EL&P版との関連
をわかりやすくするため、ここでは英語で記す）。

　ムソルグスキーの友人で建築家だったヴィクトール・ハルトマン
（ガルトマンとも表記）が亡くなり、彼の絵の遺作展が開かれた。そ
の印象をもとに作られたのが、ムソルグスキーのピアノ組曲である。
「The Gnome ／こびと」、「The Old Castle ／古い城」、「The Hut
Of Baba Yaga ／バーバ・ヤーガの小屋」といったそれぞれの絵を
イメージしたパートが並んでいるが、冒頭をはじめところどころに
「Promenade（ゆっくりとした歩み）」と題したパートを挿入すること
で全体をつないでいる。この構成によって、会場に飾られた絵を観
て回る状況を表現したわけだ。

　ただ、ハルトマンはムソルグスキーの曲を通じて名が残ってはい
るが、芸術家として高く評価されていたわけではなく、遺作展に出
品された絵画の詳細もわかっていない。このことを踏まえたわけで
もなかろうが、EL&Pが海賊盤対策としてライヴ録音をリリースした
『Pictures At An Exhibition ／展覧会の絵』（1971年）では、それ

それ題がつけられているものの中に絵がなく空白の額が並んだ光景がアルバム・ジャケットになっていた。デザインを担当したのは、『Tarkus』と同じくウィリアム・ニールだった。怪獣戦争がモチーフだった『Tarkus』は動的なイメージだったが、『Pictures At An Exhibition』のほうは展覧会らしく"静"的な印象である。そして、アルバムに収録された組曲の中でも特に繊細に奏でられ、静かに聴かせるものになっていたのが、本来、歌がなかった「Promenade」に独自の詞を載せた3番目のパートだった。

　　私を責め苛む夢から
　　子どもの頃の孤独な夜から救い出してくれ
　　終わってくれない年月をぬぐい去ってほしい
　　子どもの頃の涙は乾ききって石のようになっている

　子ども時代からの不安感が歌われている。同曲では、生まれてから今までの自分の歩みをふり返り、ある種の恐れの気持ちを抱いていたことに思い至る。不安感の正体は、このパートを聴くだけでは判然としない。

　オルガン中心でありつつシンセサイザーが使われ、ドラムも派手なEL&P版「Pictures At An Exhibition」はラヴェル編のオーケストラ版をベースにしたと言えるが、構成を丸ごとなぞっているわけではない。ラヴェル編からの抜粋の合間にオリジナルのパートを組みこむことでポップ・ミュージックとしてのメリハリをつけている。そのなかでヴォーカル入り「Promenade」は強弱の弱を担うパートであり、メドレーのようにしてアコースティック・ギターで歌われるオリジナル曲「The Sage ／賢人」へと続く。子ども時代の回想だった「Promenade」に対し、「The Sage」は旅に出た先で自分の存在理由を考える青年期的な内容になっている。

　ムソルグスキーが友人の遺作展から着想を得た「Pictures At An

Exhibition」は、もともと死というテーマを含んでいた。EL&P 版では省かれたが、もとの組曲には「テュイルリーの庭　遊びの後の子どもたちの口喧嘩」、「カタコンベ（ローマ時代の墓）」、「死せる言葉による死者への呼びかけ」というパートがあった。幼少期と死のコントラストが描かれる構成だったのだ。

　ロシアの民話に登場する魔女で、鶏の足の上に建つ小屋に住むというバーバ・ヤーガを題材とした「The Hut Of Baba Yaga」の途中へ、EL&P は「The Curse Of Baba Yaga ／バーバ・ヤーガの呪い」という、死者の蘇りを題材にしたオリジナルのセクションを挿入した。そして、組曲を締めくくる「The Great Gate Of Kiev ／キエフの大門」の最後で " 死こそ生そのものだ " と歌う。全体のこの構成からさかのぼって「Promenade」を聴き直せば、同曲で語られていた子どもの頃からの不安が、いずれ避けることのできない死への恐れだったと理解できる。生と死のコントラストを背景にして青年の思索が歌われたと気づけば、「The Sage」が甘いだけのバラードでなく少し苦味のあるものに感じられもする。

　「Promenade」の後半は、次のような詞だった。

　　　　混乱と幻想の種子から
　　　　暗鬱な花が育った
　　　　今もなお哀しみの畝に
　　　　暗鬱は蒔かれたままだ

　　　　私の人生の行くべき道は
　　　　導かれ決められているのだ
　　　　地図に線が引かれている
　　　　それは生まれてからこれまで
　　　　私がたどってきた道程だ

アルバム前半に登場する「Promenade」では、先に死が待ちかまえていることを踏まえたうえで"道程"が歌われていた。EL&P版「Pictures At An Exhibition」はもとの組曲を大幅に改作しているが、詞の方向づけによってオリジナルが有していた生と死のテーマは受け継いでいたということだ。

EL&Pはその後の活動で「Pictures At An Exhibition」を短縮版で演奏したり、「Tarkus」の前半と「Pictures At An Exhibition」の後半をつないだメドレーにしたりするが、生死のテーマが醸し出す叙情性という意味では、アルバムとしてまとめられた『Pictures At An Exhibition』の構成が最上だったといえる。

組曲に詞を加えたのはグレッグ・レイクだが、彼1人の手柄ではない。キング・クリムゾンのチームからEL&Pへ移ったのは、レイクだけではなかった。クリムゾンのツアーのローディーだったリチャード・フレイザー（通称ディク・フレイザー）もEL&Pの裏方へと転身した。ローディーという立場は、クリムゾンの専属詩人ピート・シンフィールドと近いものだったが、それだけでなくこの2人には、インフィニティというバンドを一緒に組んでいた過去があった。そしてフレイザーは、バンド名を冠したEL&Pのデビュー作（1970年）で「Knife-Edge」の詞をレイクと共作しただけでなく、「Pictures At An Exhibition」でもレイクの作詞に協力していた。

「Battlefield／戦場」の解説（P.114〜）で「Tarkus」の詞におけるシンフィールドからの影響を語ったが、「Pictures At An Exhibition」にも同様の影響を指摘できる。「Seeds（種子）」、「Confusion（混乱）」、「Illusions（幻想）」などは、『In The Court Of The Crimson King／クリムゾン・キングの宮殿』（1969年）でもポイントとなるワードだった。

どちらも大曲で同一人物がアルバムのデザインを担当し、詞の傾向も近い「Tarkus」と「Pictures At An Exhibition」は、アクション活劇的な"動"と展覧会的な"静"で対となるような作品だった。

Promenade from "Pictures At An Exhibition"

Music by Modest Mussorgsky , Words by Gregory Lake

Lead me from tortured dreams
Childhood themes of nights alone
Wipe away endless years
Childhood tears as dry as stone

From seeds of confusion
Illusions dark blossoms have grown
Even now in furrows of sorrow
The doubt still is sown

My life's course is guided
Decided by limits drawn
On charts of my past ways
And pathways since I was born

© Copyright by LEADCHOICE LTD.
Rights for Japan controlled by Victor Music Arts, Inc.
Copyright © LEADCHOISE LTD.
Permission granted by K.K. Music Sales
Authorized for sale in Japan only.

収録アルバム
『Pictures At An Exhibition／展覧会の絵』

◎収録曲
① Promenade
② The Gnome
③ Promenade
④ The Sage
⑤ The Old Castle
⑥ Blues Variation
⑦ Promenade
⑧ The Hut Of Baba Yaga
⑨ The Curse Of Baba Yaga
⑩ The Hut Of Baba Yaga
⑪ The Great Gates Of Kiev
⑫ Nut Rocker

◎発表年
1971年

◎参加メンバー
キース・エマーソン（org、p、key）
グレッグ・レイク（vo、b、g）
カール・パーマー（d、per）

◎プロデュース
グレッグ・レイク

ロック・アレンジされたクラシック楽曲の最高峰

　以前に組んでいたザ・ナイスの頃からクラシックをロックへアレンジしてきたエマーソンが、パーマー、レイクという十分なテクニックを持ちヘヴィな演奏もできるメンバーを得て、この種の決定版と言える達成に至ったのが本作。ムソルグスキーが原曲であり、このライヴではニューキャッスル・シティ・ホール備えつけのパイプ・オルガンで①を演奏した点にスペシャル感がある。ただ、その場所から本来のステージ・セットまで離れていたため、エマーソンの移動時間をパーマーのドラム・ロールでつないだのだった。以後は、原曲のメロディを使った部分と彼らのオリジナルが交互に登場する。⑥はアドリブ主体だが、ビル・エヴァンス「Interplay」のフレーズを引用し、ジャズの要素を含んでいる。また、チャイコフスキー「くるみ割り人形」を採り上げたアンコール⑫は、B・バンブル＆スティンガーズによるカヴァー版が下じき。貪欲に多くを吸収して活動したトリオだったのだ。

Karn Evil 9
c）3rd Impression

悪の教典♯9　　c. 第3印象

詩人ピート・シンフィールドが描く
SF的ディストピア

　『Brain Salad Surgery ／恐怖の頭脳改革』(1973年) 以降の
EL&Pの活動では、それまでグレッグ・レイクの詞に影響を与えて
きたピート・シンフィールド自身が、作詞やコンセプトで関与するこ
とになる。同作は、EL&Pが立ちあげたマンティコア・レコードから
の最初のアルバムであり、同レーベルからはシンフィールドの『Still』
(1973年) がリリースされ録音にはレイクも加わっていた。両者の
関係が深まった時期なのである。

　シンフィールドがEL&Pに協力した早速の成果が、3部構成の大
曲「Karn Evil 9 ／悪の教典 #9」だった。ここで彼はキング・クリ
ムゾン時代の幻想的な作風ではなく、人間対コンピュータというSF
的なコンセプトを展開している。昔のSF映画に出てくる通り、まだ
紙テープに穴を開ける形でコンピュータの出力が行なわれていた
1960年代にシンフィールドはプログラマーだった。「Karn Evil 9」は、
その前歴にふさわしい設定がされていたといえる。後に引用する歌
詞には"テープに記録されている"という一節もあり、今読むと時
代を感じさせるものになっている。

　キース・エマーソンは当初、架空の惑星"Ganton 9"を曲名とし
たのに対し、"Carny（巡回見世物）"のような音楽だと感じたシン
フィールドが"Carnival"を意識して"Karn Evil"に変更したという。
3部構成のうち「a) 1st Impression ／ a. 第1印象」のクレジット
はエマーソンとレイクのみだが、組曲全体のコンセプトを方向づけ
たシンフィールドの影響下で書かれたと見ていい。このパートは、
権力に裏切られ傷つけられる時代への警告から始まる。種子が枯れ、
子どもたちが震えるというくだりなど、キング・クリムゾン「21st
Century Schizoid Man ／ 21世紀のスキッツォイド・マン」(『In

The Court Of The Crimson King ／クリムゾン・キングの宮殿』収録／1969年）の終末観を引き継いだようにも取れる。「a）1st Impression」の中盤以降では、自由への渇望と"Carnival"的な驚異のショーへの招待が叫ばれる。このパートで支配する悪と反抗する正義の対決の構図が設定される。

　シンフィールドは「Karn Evil 9」に関し「Poisoning Pigeons In The Park ／公園の鳩に毒を」など風刺ソングで知られるトム・レーラーの影響を語っていた。レーラーには、NASAの宇宙計画の巨額予算に比べ社会保障政策が手薄なことを批判した「Wernher Von Braun ／ヴェルナー・フォン・ブラウンの歌」というヒット曲もあった。また、シンフィールドは、カート・ヴォネガット・ジュニアの『プレイヤー・ピアノ』（機械化が進んだディストピアが舞台）、マーヴィン・ピークの『ゴーメンガースト』（架空の城をめぐるゴシック・ファンタジー）などの小説からの影響も明かしている。

　シンセサイザーの響きがSF感を強調する「a）1st Impression」、「c）3rd Impression ／ c. 第3印象」とは違い、「b）2nd Impression ／ b. 第2印象」はピアノ・トリオによるインストゥルメンタルだ。シンセサイザーとピアノのコントラストは、組曲のコンセプトである人工対自然、コンピュータ対人間の構図をサウンド面で表現するもの。そのうえで「c）3rd Impression」では、リング・モジュレーターを通して変調した声とレイクのヴォーカルのかけあいにより、コンピュータと人間の対決が描かれる。

　　　　私の船で行く者は誰も屈服しない
　　　　「異常発生！」
　　　　艦橋コンピュータに報告させよう
　　　　「未登録者！」
　　　　「お前のプログラムをロードせよ。
　　　　私がお前自身になるのだ」

どんなコンピュータにも私の人生の邪魔はさせない
生ける血だけがこの苦痛を消すことができる
新しき澄んだ夜明けの守護者たちよ
戦況図を描け

　宇宙船でのコンピュータの反乱と退けようとする乗組員の奮闘。
この設定は、アーサー・C・クラーク原作、スタンリー・キューブリック監督のSF映画『2001年宇宙の旅』（1968年）の設定を受け継いでいる。同作はクラシックの楽曲の数々をサウンドトラックに使用する一方、劇中には乗組員と対話するコンピュータ "HAL9000" が「Daisy Bell」の一節を歌うという後のボーカロイド文化の先がけのようなシーンがあった。「c) 3rd Impression」でのレイクと電子音声のやりとりも、やはり映画の影響下にある。

　ただ、映画では "HAL9000" が船長によって無力化され思考を停止するのに比べ、「Karn Evil 9」では最後までコンピュータは人間と同等の地位を主張する。"自分ほどお前は完璧でないだろう？"と反問までするのだ。

喜べ！　栄光を手に入れたぞ
我らの若者たちは無駄に死んだのではない
彼らの墓に花々を捧げる必要はない
テープには彼らの名前が記録されているのだ

ここでは私こそがすべてだ
「否！　未発達！　劣悪！　私こそがお前を生かしている！」
しかし　お前に命を与えたのは私だ
「ほかになにかやれたか？」
正しきことを行なうのだ
「私は完璧だ！　お前は？」

「Karn Evil 9」の人工対自然、善と悪の闘争というモチーフは「Tarkus」(『Tarkus』収録／1971年)を継承したものであり、アルバム・ジャケットのデザインがコンセプトをよく表現している点も2作に共通している。『Brain Salad Surgery』のジャケットに絵が採用されたH・R・ギーガーは、同作でも示されていたように生物の有機性と機械のメタリックな質感を融合した特異なクリーチャーの創出が特徴である。『Brain Salad Surgery』発表から6年後、ギーガーはSFホラー映画『エイリアン』(1979年)のデザインを担当したことで広く名を知られることになる。同作もまた、宇宙船内で人工対自然の戦いが繰り広げられる内容だった。

『Brain Salad Surgery』というタイトルは、アルバムの中核をなす「Karn Evil 9」のテーマ性やギーガーのデザインに見合う響きを持っているが、収録曲が完成した後に考えられたもの。洗脳を扱った同名曲も作られたが、このアルバムではなくシングルB面で発表されてから『Works Volume 2／作品第2番』(1977年)に収録された。

また、『Brain Salad Surgery』冒頭を飾る「Jerusalem／聖地エルサレム」は、詩人ウィリアム・ブレイクの歌詞による聖歌のカヴァーであり、イギリスではよく知られた曲。エルサレムという聖地の名称を用いながらイングランドの緑の大地を称えるこの歌は、工場を悪魔的なものと描いてもいる。物質文明を批判し、精神主義を唱える内容だ。この曲からスタートし、コンピュータ対人間の「Karn Evil 9」にたどり着くのだから、テーマに関してアルバム全体がブックエンド形式の構成になっているわけである。

エマーソンのテクニカルな演奏とレイクの叙情的なヴォーカル、エレクトリックとアコースティック、人工対自然というEL&Pの音楽のありかたが、シンフィールドという最良の触媒を得て高みに達した。「Karn Evil 9」および『Brain Salad Surgery』は、そんな総決算的な作品だった。

Karn Evil 9   c) 3rd Impression

Words & Music by Keith Emerson & Greg Lake, Pete Sinfield

Man alone, born of stone;
Will stamp the dust of time
His hands strike the flame of his soul;
Ties a rope to a tree and hangs the Uni-
verse
Until the wind of laughter blows cold.

Fear that rattles in men's ears
And rears its hideous head
Dread... Death... in the wind...

Man of steel pray and kneel
With fever's blazing torch
Thrust in the face of the night;
Draws a blade of compassion
Kissed by countless Kings
Whose jewelled trumpet words blind his
sight.

Walls that no man thought would fall
The altars of the just
Crushed... Dust... in the wind...

No man yields who flies in my ship
DANGER!
Let the bridge computer speak

STRANGER!
LOAD YOUR PROGRAM. I AM YOUR-
SELF.

No computer stands in my way
Only blood can cancel my pain
Guardians of a new clear dawn
Let the maps of war be drawn.

Rejoice! Glory is ours!
Our young men have not died in vain,
Their graves need no flowers
The tapes have recorded their names.

I am all there is
NEGATIVE! PRIMITIVE! LIMITED!
I LET YOU LIVE!
But I gave you life
WHAT ELSE COULD YOU DO?
To do what was right
I'M PERFECT! ARE YOU?

© Copyright 1973 Leadchoice Limited. Chester Music Limited trading as Campbell Connelly & Co.
This arrangement © Copyright 2016 Leadchoice Limited.
All Rights Reserved. International Copyright Secured.

収録アルバム
『Brain Salad Surgery／恐怖の頭脳改革』

◎収録曲
① Jerusalem
② Toccata
③ Still...You Turn Me On
④ Benny The Bouncer
⑤ Karn Evil 9
   a) 1st Impression—Part 1
       1st Impression—Part 2
   b) 2nd Impression
   c) 3rd Impression

◎発表年
1973年

◎参加メンバー
キース・エマーソン（org、p、key）
グレッグ・レイク（vo、b、g）
カール・パーマー（d、per）

◎プロデュース
グレッグ・レイク

幻視詩から現代音楽、SF まで網羅する悪の教典

　従来のシンセは単音のみだったが、エマーソンはロバート・モーグ博士と協力して和音を出せるポリフォニック型を開発した。本作の①、③、④でそのプロトタイプを弾いたほか、①と③でシンセ・ベースも使われた。また、ヒナステラのピアノ協奏曲をアレンジした②では、エマーソンのモノ・シンセだけでなくパーマーがシンセ・ドラムを叩いている。リング・モジュレーターを通した声でコンピュータの発話を表現した⑤の「3rd Impression」を含め、彼らの作品の中でも特に各種電子音の活躍が目立つ内容である。そんな風に新奇性に富んだアルバムの①が、英国で有名な聖歌という由緒正しい曲のカヴァーであるのが面白い。また、⑤の「2nd Impression」はソニー・ロリンズ「St. Thomas」を引用しつつ、アコースティック・ピアノ中心の演奏で大曲に変化をつけている。EL&P において、サウンドに関する発想やテクニックが最も充実していた時期だろう。

Genesis

ジェネシス

Photo/Getty Images

英国的怪奇幻想から極彩色のモダンまで
眩惑の物語を綴る創世記

　いずれもチャーター・ハウス・スクールに在学中だったピーター・ガブリエル（vo）、アンソニー・フィリップス（g）、トニー・バンクス（key）、マイク・ラザフォード（b）らで結成されたジェネシスは、1969 年にデビューした。サウンドがプログレ的になるのは 2 作目の『Trespass ／侵入』(1970 年) から。スティーヴ・ハケット（g）とフィル・コリンズ（d）が加入した『Nursery Cryme ／怪奇骨董音楽箱』(1971 年) 以降は演奏力のアップとともに、奇態なコスチュームを身に着けたガブリエルのパフォーマンスが注目され、バンドの人気は高まっていく。しかし、私生活の変化などを理由にガブリエルは 1975 年にバンドを脱退してしまう。ジェネシスは、コリンズがボーカルとなりフロントに立つことでこの危機を乗り切る。1977 年にはソロ志向が強まったハケットも去り、『…And Then There Were Three… ／そして 3 人が残った』(1978 年)という状態になる。だが、コリンズ、バンクス、ラザフォードはプログレ路線からポップ路線に転じ、ツアーではチェスター・トンプソン（d）など有能なセッション・プレイヤーを起用することで従来以上の人気を得た。『Invisible Touch』(1986 年) でジェネシスが商業的に大成功する一方、コリンズのソロ、ラザフォードのマイク＆ザ・メカニックスもヒットする。だが、1996 年にコリンズが脱退。残った 2 人はレイ・ウィルソン（vo）を後任にして新作を発表したがファンの支持は得られず、1998 年にウィルソンは解雇され、ジェネシスも活動を休止した。1999 年にベスト盤のため、過去 1 曲をガブリエル在籍の黄金期編成で新録したなど一時的なケースはあったものの、そのメンバーでの本格的再結成は実現していない。ただ、2006 年にはコリンズがバンドに戻ってポップ時代のジェネシスが復活し、ツアーも行なった。

◀左ページ写真：左より、スティーヴ・ハケット、マイク・ラザフォード、ピーター・ガブリエル、フィル・コリンズ、トニー・バンクス

The Musical Box

ザ・ミュージカル・ボックス
(旧邦題:怪奇のオルゴール)

奇怪なオルゴールが奏でる
マザー・グース的な寓話

　デビュー作『From Genesis To Revelation ／創世記』(1969 年)
で天地創造やエデンの園の蛇など聖書からモチーフを得ていたジェ
ネシスの詞は、はじめから幻想的な要素を含んでいた。また、
『Trespass ／侵入』(1970 年) の「The Knife」では自由を求めて
ナイフをふるう十字軍の殉教者を歌い、初期ジェネシスのライヴの
見せ場となった。それは、フロント・マンであるピーター・ガブリエ
ル (vo) の演劇性が、芽吹いた曲でもあった。

　だが、ジェネシスならではの表現スタイルが確立されたのは、第
3 作『Nursery Cryme ／ナーサリー・クライム (怪奇骨董音楽箱)』
(1971 年) だ。スティーヴ・ハケット (g)、フィル・コリンズ (d、
vo) の加入で演奏力が向上する一方、幻想性にユーモアや風刺を
交えた詞は以前よりもふくらみのあるものになった。アルバム・タイ
トルは、『マザー・グース』の呼び名で知られる英国の伝承童謡を
指す "Nursery Rhyme" に、"Cry" (叫び)、"Crime" (罪) をかけ
あわせている。"Crime" ではなく "Cryme" と "I" ではなく "Y" を用
いるのは、12 ～ 15 世紀の中世英語の特徴であり、古風なニュアン
スを醸し出す。

　童話は意外に残酷だといわれるが『マザー・グース』は代表的な
ものであり、加えて言葉遊びやシュールなイメージに満ちている。
多くの国の文学作品にインスピレーションを与え、引用されることも
多いその『マザー・グース』からの影響が、初期ジェネシスにはう
かがえる。筆頭にあげられるのが、「The Musical Box ／ザ・ミュー
ジカル・ボックス (旧邦題：怪奇のオルゴール)」だ。同曲には詞だ
けでなく、添え書きがある。シンシアという 9 歳の少女が、クリケッ
トの木槌でヘンリーという 8 歳の少年の頭を叩き割った。それから

2週間後、シンシアがヘンリーの部屋でオルゴールを開けると、曲が流れだし、彼の亡霊が現れたという。

「オールド・キング・コール」を鳴らしてくれよ
そうすれば君と一緒にいられるかもしれない
君の心は僕からもう離れてしまったようだね
今ではどうでもいいことだけど

乳母は君に嘘を吹きこんでるんだろう
空の彼方に王国があるとか
でも僕はこのどっちつかずの世界で迷子になっている
今ではどうでもいいことだけど

僕の歌を鳴らしてくれよ
ほら　また曲が流れる
僕の歌を鳴らしてくれよ
ほら　また曲が流れる

　亡霊になったヘンリーの心は子どものままだったが、体だけは大人になり、欲望が膨れ上がっていった。

彼女は恋人　もういい頃だろう
髪をかきあげて
その顔を僕に見せておくれ
彼女は恋人　僕のものさ
髪をかきあげて
その体を僕に見せておくれ

僕は長いこと　ここで待っていたんだ

どれほどの時間が過ぎていったことか
今ではどうでもいいことだけど
君は凍りついた表情でそこに立っている
僕の言うことすべてを疑いながら
なぜ僕に触れてくれないの　触れてくれよ
触れてくれ　今　今　今　今
今　今　今　今　今　今

　ヘンリーの狂おしい思いを、ガブリエルは歌い叫ぶ。しかし、添え書きによると、ヘンリーの乳母はオルゴールをヘンリーに投げつけ、どちらも壊れてしまったという。薄気味悪く、背徳的でもある怪奇譚だ。

　曲中の「オールド・キング・コール」とは『マザー・グース』の1つ。谷川俊太郎訳で前半を引用すると「コールのおうさま／ゆかいなおうさま／ほんとにゆかいな　おひとがら／パイプもってこさせ／おさけもってこさせ／おまけにヴァイオリン三にんよんだ」と楽しい感じの詩だ。それに対し、「The Musical Box」の詞から着想されたポール・ホワイトヘッドによるジャケットの絵は、芝生でクリケットをする少女の周囲に生首がコロコロとたくさん転がり、可愛らしさとグロテスクさが同居している。

　このデザインは「The Musical Box」とテイストが共通するとともに、『不思議の国のアリス』風でもある。ルイス・キャロル作のこの有名童話は、作中に多くの詩のパロディを散りばめながら、不思議の国に迷いこんだ少女が数多くの奇妙なキャラクターと出会う内容だった。後半に登場するトランプのハートの女王は、どうにも怒りっぽくて、何度も「首をはねよ！」と叫んでいた。同作に関しては、キャロルの奇想を微妙なエロティシズムとともに視覚化したジョン・テニエルの挿絵もよく知られている。

　初期ジェネシスを後押ししたカリスマ・レコードのトニー・ストラッ

トン・スミス社長が 1987 年に亡くなった際、『ザ・タイムス』紙に掲載されたガブリエルの追悼文には、「『不思議の国のアリス』に出てくる頭のおかしな帽子屋のお茶会をレーベルのロゴに選んだのも彼です」と懐かしむくだりがあった (スペンサー・フライト『ピーター・ガブリエル（正伝）』(岡山徹訳)。1970 年代前半に英国的幻想を愛おしんでいたガブリエルが、故人について嗜好を共有する同志と感じていたことがわかる一文だろう。

『Nursery Cryme』には、他にも幻想性や物語性に富んだ曲が収録されていた。巨大な殺人ブタクサが人類を滅亡の危機に追いこむ設定の「The Return Of The Giant Hogweed」や、自分の足の指を切り落とした食堂店主が失踪して街中の騒ぎになる「Harold, The Barrel」には、英国的な皮肉なユーモアがある。一方、水の精サルマシスと合体して両性具有になったヘルマフロディトスの物語を歌った「The Fountain Of Salmacis ／サルマシスの泉」は、ギリシャ神話をわりと素直に歌詞へ移し替えている。

このアルバムにおいて彼らは、自分たちの歌うべき方向性を見つけた。『Nursery Cryme』でジェネシスはジェネシスになったと言えるだろう。

後にバンドの中心だったガブリエルが脱退し、ハケットまで離脱して 3 人組になったジェネシスは、『...And Then There Were Three... ／そして 3 人が残った』(1978 年) と題したアルバムを発表する。タイトルは、ミステリー小説の大家、アガサ・クリスティーの『そして誰もいなくなった／ And Then There Were None』のもじり。ただ、クリスティーの同作は、『マザー・グース』の 1 つをもとにした童謡 (「10 人の小さな兵隊さん」) の通りに連続殺人が起きる物語で、書名は詩の一節からとられていた。その意味でジェネシスには、長いこと『マザー・グース』が影を落としていたのだ。

The Musical Box

Words & Music by Tony Banks, Steve Hackett, Peter Gabriel, Mike Rutherford and Phil Collins

Play me Old King Cole
That I may join with you,
All your hearts now seem so far from me
It hardly seems to matter now.

And the nurse will tell you lies
Of a kingdom beyond the skies.
But I am lost within this half-world,
It hardly seems to matter now.

Play me my song.
Here it comes again.
Play me my song.
Here it comes again.

Just a little bit,
Just a little bit more time,
Time left to live out my life.

Play me my song.
Here it comes again.
Play me my song.
Here it comes again.

She's a lady, she's got time,
Brush back your hair, and let me get to

know your face.

She's a lady, she is mine.

Brush back your hair, and let me get to

know your flesh.

I've been waiting here for so long

And all this time has passed me by

It doesn't seem to matter now

You stand there with your fixed expres-
sion

Casting doubt on all I have to say.

Why don't you touch me, touch me,

Why don't you touch me, touch me,

Touch me now, now, now, now, now,

© 1971 by Quartet Music Ltd. Assigned for Japan to Taiyo Music, Inc.
Authorized for sale in Japan only

収録アルバム
『Nursery Cryme／ナーサリー・クライム（怪奇骨董音楽箱）』

◎収録曲
① The Musical Box
② For Absent Friends
③ The Return Of The Giant Hogweed
④ Seven Stones
⑤ Harold The Barrel
⑥ Harlequin
⑦ The Fountain Of Salmacis

◎発表年
1971年

◎参加メンバー
トニー・バンクス（org、Mellotoron、p、g、vo）
マイク・ラザフォード（b、bass pedal、g、vo）
ピーター・ガブリエル（vo、fl、oboe、bass drum、tambourine）
スティーヴ・ハケット（g）
フィル・コリンズ（d、per、vo）

◎プロデュース
ジョン・アンソニー

寓話や神話を吸収した独自路線の萌芽

　ガブリエル在籍時の黄金期の陣容が整ったアルバム。前任ギタリストのアンソニー・フィリップスとラザフォードによって初期ジェネシスのトレードマークとなった12弦ギターの音色を、ハケットやバンクス（①）も受け継いだ。また、③に見られる通り、ハケットがタッピング（ライド・ハンド奏法）でギターをキーボードのように響かせる一方、バンクスはギタリスト不在の時期に工夫したキーボードをギターのごとく聴かせるフレーズを披露する。④、⑥ではメロトロンが、立体感のある音像で従来以上に効果的に使われる。そのように音色が多彩になったサウンドが、ドラムがコリンズになり安定したリズムでまとめられるのだ。演奏力の向上は確かだった。加えて子役あがりのコリンズは、演劇的な曲を演奏するこのバンドでは、サイド・ヴォーカルとしても重宝な人材だった。プログレッシヴ・ロックとしてのジェネシスは、本作で自分たちならではの形を見出したのだ。

Watcher Of The Skies

ウォッチャー・オブ・ザ・スカイズ

SF作品に発想を得た
人類の新たな進化への道筋

　『Nursery Cryme ／ナーサリー・クライム（怪奇骨董音楽箱）』
（1971年）のクロケットをモチーフにしたジャケットを担当したポー
ル・ホワイトヘッドは、バンドからヴィクトリア朝の『不思議の国の
アリス』みたいな感じにしたいとリクエストされたと証言している。
次作『Foxtrot』（1972年）については、キツネ狩りにしようとのア
イディアがメンバーから出され、赤いドレスを着て狩りから逃れよう
とするキツネ女の絵を描いたのだという（『The Dig ジェネシス』）。
ジェネシスというかピーター・ガブリエルは、当時のステージでシア
トリカルな演出を強めており、キツネの頭をかぶって「The Musical
Box」を歌うなどしていた。
　『Foxtrot』の1曲目「Watcher Of The Skies」ではコウモリの羽
根と色鮮やかなマントが使われもした。ホワイトヘッドによるとアル
バムの内ジャケットの空は、同曲からインスパイアされたものだそう
だ。だが、『不思議の国のアリス』や『マザー・グース』などの延
長線上にあるヴィジュアル・イメージの幻想性と、「Watcher Of
The Skies」のアイディアの源とは、少しズレがある。曲名は、ロマ
ン派の詩人ジョン・キーツの「チャップマン訳のホメロスを一読して」
の一節に由来する。

　　　　Then Felt I Like Some Watcher Of The Skies
　　　　When A New Planet Swims Into His Ken
　　　　（あたかも天文学者が空を観測し、
　　　　新しい惑星を発見した時のような気分だった）

　キーツの詩は、古代ギリシャの神々や人々を描いたホメロスへの

感動を語っている。その意味では『Nursery Cryme』の「The Fountain Of Salmacis／サルマシスの泉」と同様にギリシャ神話と関係している。だが、「Watcher Of The Skies」は、トニー・バンクス（key）とマイク・ラザフォード（b）によると、アーサー・C・クラークのSF小説『幼年期の終り』(1953年)からヒントを得て作った曲なのだという。詞の遠い源にギリシャ神話があるとしても、直接的な着想は科学の発展とともに20世紀に隆盛を迎えたSFの領域から得ている。

クラークは、人工知能の反乱と人類の超進化を描いたスタンリー・キューブリック監督の傑作『2001年宇宙の旅』(1968年)のストーリーを考えた作家であり、さかのぼると同映画の発想の芽は、それ以前に発表した『幼年期の終り』(1953年)に見られた。この小説では、上空から見下ろす異星人が地球を管理してきたが、やがて人類に滅亡と進化の時期が訪れる。それまでは人類の"幼年期"だったというわけだ。

「Watcher Of The Skies」は、天空にいる存在と観察される人類という関係性を『幼年期の終り』から借りて歌っている。

▲『Foxtrot』のジャケット内部、見開きのアートワーク。ポール・ホワイトヘッドの手による「Watcher Of The Skies」をイメージしたかのようなイラストが使用されている。

空の見張り人　すべての見張り人
彼自体が独立した世界だが　彼に自分の世界はない
彼に驚きを与える生命などしばらくなかったが
上を向いた時　未知の星に目を止めたのだ

この星の領土を形作った生き物たち
彼らの支配は今や終わろうとしている
生命はまたもや生命を破滅させたのか
彼らは他の場所でもその遊びをするつもりか
幼年期の戯れ以上のことはわからないのか？
たぶんトカゲが自分の尾を切り離すごとく
これは人類と地球の長き連帯の終焉なのだ

　『幼年期の終り』は、米ソの宇宙開発競争が盛んだった時代に
"Overlord（上帝、最高君主）"と呼ばれる異星人の搭乗する宇宙
船が出現する内容であり、文明や科学技術の発達と限界がストー
リーの背景にあった。それに対し「Watcher Of The Skies」は、地
球との連帯が終わり、進化が行き詰まった人類を、詞のように神の
ごとき上位の存在が見つめている。現実ではない別世界を扱うファ
ンタジーではなく、世界の未来を思考しようとするSF的発想で書か
れているが、文明や科学の批判にはむかわなかった。人類としての
孤独や生命の持続可能性をテーマにしたところには、キツネの頭や
コウモリの羽根のコスプレからは想像できない、やや哲学的なニュ
アンスすらあるのだ。

孤独な生命から一つにまとまった生命へ
あなた方の旅がすんだと思わぬがよい
船が頑丈であっても　海に慈悲はない

大洋での存在をかけた争いを生き残れるのか？
太古にとどまる幼児たちよ　私の話を聞くがよい
これが旅半ばのあなた方への別れの忠告だ

悲しむべきことに　あなた方の思いは
空の星に向かっている
それは我々には行けるとしても
あなた方には行けないところだろう
空の見張り人　すべての見張り人
これがあなた方の唯一の運命
この運命はあなた方そのもの

　ちなみに『Foxtrot』と同じ 1972 年に発表されたピンク・フロイド『Obscured By Clouds ／雲の影』には『幼年期の終り』の原題をそのまま曲名にした「Childfood'S End ／大人への躍動」が収録されていた。デヴィッド・ギルモア（g、vo）作曲で彼が詞まで書いたのは 1970 年代のピンク・フロイドではこれが最後だった。同曲の場合、広大な空の下に戦争と平和があると人類の視点で歌い、"Overlord" の視点は登場しない。「Watcher Of The Skies」と読み比べるのも一興だろう。結果的にフロイドは次作『The Dark Side Of The Moon ／狂気』（1973 年）で大成功し成熟するのだから、「Childfood'S End」が書かれたのは本当に彼らの "幼年期" の終りだったのだ。
　一方、『Foxtrot』のアナログ B 面は、大作「Supper'S Ready」で占められていた。晩御飯の支度、戦争、死体の山、女装したウィンストン・チャーチル（第二次世界大戦時の英国首相）がいる農園、聖書の「ヨハネの黙示録」と次々にイメージが移り変わっていく 7 つのパートからなる組曲である。第 5 パート「Willow Farm」では韻を踏んだダジャレのごとき言葉遊びが連続するなど、初期ジェネ

シスの詞世界の総決算的な趣があった。

　だが、「Watcher Of The Skies」との対比で興味深いのは同アルバム3曲目の「Get'em Out By Friday」だ。"金曜日までにあいつらを追い出せ"と題された同曲では、悪徳不動産屋から出ていけと住人が追い立てられる。そして、曲の発表時には未来だった2012年に遺伝子管理で、人間の身長が4フィートに制限される。体の縮小によって収容スペースを増やすというのだ。都市の過密化をめぐる同様の発想は、日本の特撮ドラマ『ウルトラQ』第17話「1/8計画」（1966年放送）にも見られた。この種の皮肉な社会風刺は、アイルランドの作家ジョナサン・スウィフトの『ガリヴァー旅行記』的でもある。

　異星人に人類が飼育されていた『幼年期の終り』から「Watcher Of The Skies」は、神のごとき存在が人類を観察する構図を受け継いだ。一方、「Get'em Out By Friday」では不動産屋と住人が描かれている。2曲とも上下関係を歌っているが、壮大なスケールで哲学性も感じさせる前者と金銭がらみで世俗的な後者では対照的である。「Watcher Of The Skies」との落差があるからこそ「Get'em Out By Friday」の黒い笑いも引き立つのだ。

Watcher Of The Skies

Words & Music by Tony Banks, Steve Hckett, Peter Gabriel, Mike Rutherford and Phil Collins

Watcher of the skies watcher of all
His is a world alone no world is his own,
He whom life can no longer surprise,
Raising his eyes beholds a planet un-
known.

Creatures shaped this planet's soil,
Now their reign has come to an end,
Has life again destroyed life,
Do they play elsewhere, Or do they know
more than their childhood games?
Maybe the lizard's shedded its tail,
This is the end of man's long union with
Earth.

Judge not this race by empty remains
Do you judge God by his creatures when
they are dead.
For now the lizard's shedded its tail
This is the end of man's long union with
Earth.

From life alone to life as one,
Think not your journey done
For though your ship be sturdy no
Mercy has the sea,

Will you survive on the ocean of being.
Come ancient children hear what I say
This is my parting council for you on your
way.

Sadly now your thoughts turn to the stars
Where we have gone you know you never
can go.
Watcher of the skies watcher of all
This is your fate alone, this fate is your
own.

© 1972 by Quartet Music Ltd.
Assigned for Japan to Taiyo Music, Inc.
Authorized for sale in Japan only

収録アルバム
『Foxtrot／フォックストロット』

◎発表年
1972年

◎参加メンバー
トニー・バンクス（org、Mellotoron、p、g、vo）
マイク・ラザフォード（b、bass pedal、g、cello、vo）
ピーター・ガブリエル（vo、fl、oboe、bass drum、tambourine）
スティーヴ・ハケット（g）
フィル・コリンズ（d、per、vo）

◎プロデュース
デヴィッド・ヒッチコック、ジェネシス

◎収録曲
① Watcher Of The Skies
② Time Table
③ Get 'Em Out By Friday
④ Can-Utility And The Coastliners
⑤ Horizons
⑥ Supper'S Ready
　i. Lover'S Leap
　ii. The Guaranteed Eternal Sanctuary Man
　iii. Ikhnaton And Itsacon And Their Band Of Merry Men
　iv. How Dare I Be So Beautiful?
　v. Willow Farm
　vi. Apocalypse In 9/8 (Co-Starring The Delicious Talents Of Gabble Ratchet)
　vii. As Sure As Eggs Is Eggs (Aching Men's Feet)

超大作もまとめ上げたアンサンブルの成熟

　キング・クリムゾンから譲り受けたメロトロンの壮大な響きと、モールス信号に似せた6拍子のリズムが印象的な①から始まる。ベーシストであるが12弦ギターを弾く時にはペダル・ベースで低音を奏でるラザフォード、歌うだけでなくフルート、オーボエ、一部打楽器も担当するガブリエルといったぐあいにあれこれ兼務するのがジェネシス流だった。花形プレイヤーのソロ・コーナーを売りものにしたイエスやEL&Pとは異なり、ハケットやバンクスも含め、このバンドは演奏面で誰か1人が突出することはなかった。細かな工夫の積み重ねで曲想を豊かなものにした前作の方法論は、本作でいっそうの発展を見せる。その成果がアナログB面を占める⑥だ。多くの断片を組みあわせたこの大作は、後年のハケットによると、様々なタイプの曲のイントロが次々に出てくるような構成にしたかったのだという。フォーク、ヴォードヴィル、変拍子など雑多な要素からなる力作である。

154

Cuckoo Cocoon

カッコー・コクーン

繭と牢獄に囚われる
眩惑世界の自己探求者

　奇抜なコスチュームを着けたピーター・ガブリエルが前に立ち、他のメンバーは後ろで座って楽器を演奏する。初期ジェネシスはそのようなバンドであり、ガブリエル1人だけが目立っていた。だが、曲作りは合議制で進められ、作詞も共同作業だった。それに対しガブリエルは、自分に詞を全部書かせてくれと主張し始めた。マイク・ラザフォードがサン＝テグジュペリ『星の王子様』をベースにしたアルバムを提案した際、拒否したガブリエルが創作したのは、風変わりな物語だった。

　そうしてできあがった2枚組『The Lamb Lies Down On Broadway／眩惑のブロードウェイ』（1974年）の主人公は、革ジャンを着たプエルトリコ人の青年ラエル。最初の舞台はニューヨーク。冒頭のタイトル曲で、道に横たわる子羊という場面が語られる。子羊というとキリスト教関連の象徴かと思うが、宗教的な含みはうかがわれない。幻覚じみたその光景が引き金となったのか、彼は時空を超えた旅に出る。盲目の女性リリス、蛇女ラミア、居住地を形成している体がコブだらけのスリッパーマン、精神科医ドクター・ダイバー、現れては去る兄ジョン。様々なキャラクターと出会う。

　アルバムには歌詞だけでなく物語の長文テキストが記載されている。大量生産工場が描写され資本主義を風刺した「The Grand Parade Lifeless Packaging」、性体験を扱った「Counting Out Time」など多くの要素が盛りこまれている。また、ビング・クロスビー、マーティン・ルーサー・キング、ジョン・F・ケネディといった実在人物、行進曲「Stars Stripes Forever／星条旗よ永遠なれ」、KKK（白人至上主義的な秘密結社）などアメリカ的なものへの言及が多い。メディア論で知られるカナダのマーシャル・マクルーハンの名

もある。従来のジェネシスはイギリス的な童話的な幻想性が持ち味だったが、このコンセプト・アルバムではアメリカ的なイメージや同時代性が意識され、幻覚的な内面への旅になっている。ジャケットがヒプノシスによる写真の超現実的なコラージュになったのも、作風の変化にあわせたものだろう。

　そんな同作でガブリエルの着想の根っこをよく示す曲が、長大な組曲のなかで特に目立つわけではない「Cuckoo Cocoon」である。なぜそう考えるのか、語る前に説明しておくべきことがある。

　ガブリエルの作詞が遅れたため一部を他のメンバーが書いたとはいえ、彼が全体を方向づけたのは間違いない。本人はインタヴューなどでヒントを与えてくれた先行作をいくつか挙げている。どのような影響を受けたかを推測すると、ジョン・バニヤンの寓意物語『天路歴程』からは旅による主人公の成長を、映画『エル・トポ』からはフリークスが多く登場し奇妙な場面が続く発想の自由さを、ミュージカル映画『ウエスト・サイド物語』からはニューヨークという街の活気を取り込んだと受けとれる。

　ヒスパニックのマイノリティであるラエルがスリッパーマンのコロニーとかかわるのは、ロック・オペラの先駆けであるザ・フー『Tommy』（1969年）で三重苦の障害を持つ主人公がコミューンの中心になる展開の変奏のようである。また、ラエルは川に流された兄ジョンを助け、彼が自分の顔をしていたことに驚く。主人公が自分の内面を突きつけられるごときこの設定は、後にピンク・フロイド『The Wall』（1979）で主人公が架空の法廷に引きずり出され、内面を露わにする罰を下されるのと通じる。そのようにロック・オペラを代表する2作と共通する要素を見出せるが『The Lamb Lies Down On Broadway』は、『Tommy』や『The Wall』にはあったストーリーのわかりやすさがない。イメージの飛躍が多い。

　ガブリエルは、ヒントをくれたものとして精神分析のカール・ユングもあげていた。アルバムのテキストや詞には "Porcupine（ヤマア

ラシ）"が出てくる。この動物は身を寄せて体を温めあおうとしても、相手を傷つける針だらけの体が互いに邪魔をするという"ヤマアラシのジレンマ"が心理学の例え話としてよく知られている。心理の探究を1つのテーマとした作品でヤマアラシに言及したのは、それを意識したと考えられる。自分の殻に閉じこもる心理が、作品の核にあるのだ。「Cuckoo Cocoon」は、主人公のその内向性をよく示している。

「粉まみれの毛糸に包まれて／僕は触覚を失っているらしい／死にかけてるんだとか言わないでくれ／僕はさほど変わっているわけじゃない／水滴の音だけが聞こえる／僕はいったいどこにいるっていうんだ／ピンチってことかな？／カッコーの繭よ、僕が意識を取り戻すのは早すぎた？

僕に見分けのつくものなんてなにもない／覚えがない場所だ／生命の兆候を認められないまま、僕は孤独だと思う／これが現実なわけはないと知りながら僕は安心している／いい気持ちなんだ／カッコーの繭よ、僕が意識を取り戻すのは早すぎた？」

　タイムズ・スクエアにいたラエルは、空から降りてきた雲に囲まれ、それが壁と化して異世界に連れ去られる。気づくと繭のなかにいた。

「もしかして僕はブルックリンの牢屋に閉じこめられた／囚人なのか／それとも鯨に呑みこまれたヨナのようなものか／いや僕はラエルのままさ／どこかの洞窟にいて身動きできない／僕を救えるものはないのか？／カッコーの繭よ、僕が意識を取り戻すのは早すぎた？」

　自己探求の旅の起点となる繭という舞台は、精神分析でとらえれば、子宮の隠喩だろうし、そこから外へというのは生まれ直しだろう。

だが、この詞にも出てくる洞窟が「Cuckoo Cocoon」の次の「In The Cage」の舞台となる。繭から出てもなお、やはり子宮の隠喩である洞窟のなか。そこから出てようやく物語が本格的に始まる。ラエルを囲うものの多重性は、いかに心理的に固い殻に閉じこもっていたかの暗示だろう。彼は「In The Rapids」で兄が自分の顔をしていたと知り、次の最終曲「It.」では「それは現実（Real）　それはラエル（Rael）」のフレーズが歌われる。"Real" のアナグラムである "Rael" が、もう1人の自分と対面する。それは、自分を覗きこんだ鏡の向こう側に自分の内面を見出す、もう1つの現実を知るような結末だ。

　アーティストとしての自我を強めたガブリエルは、このアルバムを最後にジェネシスから脱退し、ソロ活動へ転進する。本人の名前を冠したソロの初期3作のデザインもヒプノシスだが、いずれも『The Lamb Lies Down On Broadway』の感覚を引き継いでいた。第1作（通称 "Car"）では雨滴のついた車のフロントガラスの向こう側に本人がおり、第2作（"Scratch"）では目の前に見えないなにかがあるごとく、ガブリエルの指先が空中に引っかき傷を作っていた。どちらも、隔てられているという感覚をヴィジュアル化したものだ。それを踏まえると、顔の半分が溶け崩れた自画像である第3作（"Melt"）は、鏡に映ったもう1人の彼ではないかと想像してしまう。ガブリエルの表現の根底にあったのは、疎隔感なのである。

※著作権の都合上、原詞は掲載しておりません。ご了承ください。

収録アルバム
『The Lamb Lies Down on Broadway／眩惑のブロードウェイ』

◎発表年
1974年

◎参加メンバー
トニー・バンクス（org、Mellotoron、p）
マイク・ラザフォード（b、g）
ピーター・ガブリエル（vo、fl）
スティーヴ・ハケット（g）
フィル・コリンズ（d、per、vo）

◎プロデュース
ジョン・バーンズ、ジェネシス

◎収録曲
Disc-1
① The Lamb Lies Down On Broadway
② Fly On A Windshield
③ Broadway Melody Of 1974
④ Cuckoo Cocoon
⑤ In The Cage
⑥ The Grand Parade Of Lifeless Packaging
⑦ Back In N.Y.C.
⑧ Hairless Heart
⑨ Counting Out Time
⑩ The Carpet Crawlers
⑪ The Chamber Of 32 Doors

Disc-2
① Lilywhite Lilith
② The Waiting Room
③ Anyway
④ Here Comes The Supernatural Anaesthetist
⑤ The Lamia
⑥ Silent Sorrow In Empty Boats
⑦ The Colony Of Slippermen
　The Arrival ／ A Visit To The Doktor ／ The Raven
⑧ Ravine
⑨ The Light Dies Down On Broadway
⑩ Riding The Scree
⑪ In The Rapids
⑫ It.

ガブリエルが巡る自己探求という眩惑の迷宮

　ガブリエルは、ウィリアム・フリードキンの映画原作の協力を求められ乗り気になったものの頓挫したり、産後の肥立ちの悪い妻に付き添うなど個人的にいろいろあってメンバーとギクシャクしていた。そうした雰囲気の中で完成したこの作品のツアー後、一度は未遂に終わっていたガブリエル脱退が現実のものとなった。とはいえ、本作は多くの曲をメドレー形式で連ねたコンセプト・アルバムとしてよく構築されている。演奏は円熟の域に達しており、ハケットのギター、バンクスのシンセなどは以前よりもシャープな音で鳴らされている。また、コリンズのドラムも、フレーズが細やかになると同時にいっそうダイナミックになった。アルバムのなかにはクロスオーヴァーに接近したようなインストのパートも見られる。さらにブライアン・イーノがヴォーカル変調のエフェクトを施し、超現実感を高めている。ガブリエル期ジェネシスの頂点と言える内容だ。

Land Of Confusion

混迷の地

寓話から警句へ
混迷する現代へのメッセージ

　1976 年の『A Trick of the Tail』でフィル・コリンズがリード・ヴォーカルになって以降のジェネシスは、次第にプログレ色を薄め、ポップ路線に転進して 1980 年代に絶大な人気を獲得する。初期の特徴だった幻想性は失われ、詞もポップ路線にふさわしいラヴ・ソング中心になっていく。とはいえ、変身後のジェネシスが無害なラヴ・ソングばかりを作っていたわけではない。

　ロックの 1980 年代は、反戦平和を訴えるラヴ＆ピースの旗手だったジョン・レノンが射殺される事件から始まった。その後、フィル・コリンズも出演した1985年のライヴ・エイドに象徴されるチャリティ・ブームが訪れる。この時期には社会的な問題意識を歌に盛りこむアーティストが増え、クイーンのようなエンタテインメント一直線と感じられるバンドも反戦メッセージを打ち出した歌を発表した。

　ソロになったピーター・ガブリエルは当時、「Biko」(『Peter Gabriel』" 通称 Melt" 収録：1980 年) で南アフリカのアパルトヘイト（人種隔離政策）に反対した活動家スティーヴ・ビコを歌うなどして、社会派アーティストと見られるようになっていた。そんな彼を意識した部分もあったかもしれないが、3 人組になったジェネシスのほうもしばしば社会批判的な曲を発表した。

　1970 年代に「Get'em Out By Friday」(『Foxtrot』収録:1972 年) で劣悪な住宅事情を題材にしたジェネシスは、「Illegal Alien」(『Genesis』収録：1983 年) で外国人不法滞在者をコミカルに風刺した。また、「Jesus He Knows Me」(『We Can't Dance』収録：1991 年) では、キリストは知りあいだと嘯くテレビ宣教師を題材にしている。

　1980 年代以降のジェネシスがリリースしたメッセージ性を帯びた

歌のなかでよく知られているのは、5つもヒット曲を生んだ『Invisible Touch』(1986年)のシングルの1つ「Land Of Confusion ／混迷の地」だろう。

「僕は千回も夢を見たに違いない／百万もの叫び声に悩まされている／でも僕に聞こえるのは行進する足音だ／やつらが通りへ移動している

今日のニュースを読んだか？／やつらはもう危険はないといっている／でも僕にはずっと炎の明るみが見えている／夜通し燃え続けているんだ

多すぎる男ども　多すぎる人々が／多すぎる問題をこさえている／愛なんて見当たらない／わかるだろう？　ここは混迷の地」

　核爆弾を大量に保有するアメリカとソ連という超大国をそれぞれ中心にして、世界が2陣営に分かれ対立していた冷戦の時代である。同曲は、紛争が繰り返され、もっと大きな戦争に発展する危機を孕んだ世界を憂いた内容になっている。ただ、詞だけを読んでも具体的な描写は少ない。曲に明確なイメージを与えたのは、ミュージック・ヴィデオ（MV）だ。

　MVを24時間流す専門チャンネルとして1981年にMTVが開局されて以来、1980年代の音楽業界は曲の映像が話題になることがヒットへの早道となった。それに対し、子役上がりの経歴を持つコリンズは、コミカルであると同時に中年男の哀愁も感じさせ、MV時代に適応したキャラクターだった。そして、ジェネシスのMVのなかでも異色の内容でインパクトが大きかったのが「Land Of Confusion」である。

　メンバー3人を極端にデフォルメしたパペットが登場する。その

うえ、当時のアメリカ大統領だったロナルド・レーガンを主役にすえ、彼の妻ナンシーのほか、ホメイニ（イラン）、カダフィ（リビア）、サッチャー（イギリス）といった各国のリーダーが、滑稽な姿のパペットにされ狂態を演じさせられていた。なかでもレーガンは、スーパーマンの衣裳に着替えて街に飛び出したり、カウボーイ姿になって恐竜のトリケラトプスを乗り回すなど、お調子者に描かれていた。演出は、歌詞のこの部分に基づいている。

「おお　スーパーマン　君は今どこにいるんだ？／なにもかもがうまくいかないっていうのに／鉄の男たちは　力を持つ男たちは／次第に制御を失っている」

　MTV のヒット曲をふり返ると、元イエス／バグルスのトレヴァー・ホーンがプロデュースしたフランキー・ゴーズ・トゥ・ハリウッドの「Two Tribes」（『Welcome To Pleasuredome』収録：1984 年）の MV が、やはり政治への揶揄を打ち出して話題になった。それはアメリカのレーガン大統領とソ連のチェルネンコ書記長が、観客たちの前でスーツを着たまま砂まみれになって取っ組みあう内容だった。人類を破滅させる核のボタンを愚か者が押せる現実を皮肉った点で、「Land Of Confusion」は「Two Tribes」を引き継いでいる。「Land Of Confusion」には政治家だけでなく、マイケル・ジャクソン、マドンナ、ティナ・ターナーなど多数のポップ・スターのほか、イギリスのダイアナ妃までパペットになって現れた。プリンスなどは異なるが、その大半は、アフリカの飢餓救済のために録音されたチャリティ・シングル「We Are The World」（1985 年）やライヴ・エイドに参加した面々である。彼らの登場は、詞のなかでポジティヴなメッセージを打ち出した次の部分をライヴ・エイド的な善意の連帯と重ねあわせて表現したものだろう。

「ここが僕らの今生きる世界／僕らに授けられた両手／こいつを使ってやってみよう／奮闘するに値する場所へ変えるんだ

ここが僕らの生きる世界なんだから／僕らに授けられた名前／立ち上がれ　そして証明してやるんだ／僕らの生がどこへ行こうとしているのか」

　このように1980年代以降のジェネシスにも、社会派的な展開は見られたわけだ。
　また、一般的に狂気のガブリエル、コミカルなコリンズといったキャラに色分けされがちである。だが、「Mama」（『Genesis』収録：1983年）のMVではモノトーンの映像で影になったなかでコリンズの顔がアップになり“Haha!”と叫んでニヤリと笑う。母親への執着を語る不気味な曲であり、ホラーのノリだ（同曲発表と同年にマザコン殺人鬼を主人公にしたサスペンス映画『サイコ』の続編『サイコ2』が公開されている）。さらに「No Son Of Mine」（『We Can't Dance』収録：1991年）は、親から虐待され、子どもであることを否定される息子の物語だった。「Mama」や「No Son Of Mine」でのコリンズの熱唱を聴くと、心理描写に長けているのはガブリエルだけではないと感じる。3人組ジェネシスだって、ポップなだけのバンドではなかったのだ。

※著作権の都合上、原詞は掲載しておりません。ご了承ください。

収録アルバム
『Invisible Touch／インヴィジブル・タッチ』

◎収録曲
① Invisible Touch
② Tonight, Tonight, Tonight
③ Land Of Confusion
④ In Too Deep
⑤ Anything She Does
⑥ Domino
　Part One – In The Glow Of The Night
　Part Two – The Last Domino
⑦ Throwing It All Away
⑧ The Brazilian

◎発表年
1986年

◎参加メンバー
トニー・バンクス（key、Synth bass）
マイク・ラザフォード（b、g）
フィル・コリンズ（d、per、vo）

◎プロデュース
ジェネシス、ヒュー・パジャム

ポップ路線の頂点を極めた大ヒット作

　ガブリエルに続きハケットも脱退して3人組になったジェネシスは、コンパクトなポップ・ソングのバンドへと変化し、一般的な人気を高めていく。ツアーでチェスター・トンプソンをドラムに重用したことに示される通り、ブラック・ミュージック的なノリを隠し味に使ったことも成功の一因だろう。また、コリンズはガブリエルのサード・ソロ（1980年）に参加した際、後に流行するドラムのゲーテッド・リヴァーブ・サウンドの開発に関与してもいた。そして、1980年代を代表するバンドとなったジェネシスの商業的成功の頂点が、このアルバムである。全8曲の本作からは①、②、③、④、⑦と5つも大ヒット・シングルが生まれた。メドレー形式で10分強ある⑥の収録はプログレ的と言えなくもないが、シンセ主体でサンプリングも使ったキーボードだけでなく、シモンズ、シンセ・ベースを用いたアルバムのサウンドは、この時代特有のデジタル感で徹底されていた。

COLUMN

拡大するピーター・ガブリエルの視点

　奇抜な衣裳のピーター・ガブリエルは、ジェネシスで一番目立っていたものの、歌う詞の全部を本人が手がけたわけではなかった。では、バンドの合議制から自由になった彼は、どんな詞を書くようになったか。自らの名を冠した第1作（通称「Car」、1977年）からのソロ初ヒット「Solsbury Hill」は、従来の生活を捨て、自分のいるべき場所へ向かおうとする思いを歌ったものだった。同曲では彼の住まいの近くにあった丘が、希望のシンボルとなっている。また、このアルバムには名曲「Here Comes The Flood」も収録されていた。世界が洪水に見舞われ、ある種の精神の浄化が果たされるという宗教的ヴィジョンを描いた歌だ。前者のような自己省察と後者のような世界への憂いが、以後のガブリエルにとって2つの軸となる。

　ジェネシスのイメージを引きずっていた彼が、ソロ・アーティストとしての自我を本格的に確立できたのは、第3作（「Melt」、1980年）から。心理的な不安を題材にした「Intruder」、「I Don't Remember」がある一方、遊戯のように行なわれる戦争を風刺した「Games Without Frontiers」もあり、内的省察、外的考察、両方向とも焦点のあった詞が書かれていた。そして、「Biko」である。南アフリカの人種隔離政策への抵抗運動で拘禁され死に追いやられたスティーヴ・ビコを歌った同曲によって、ガブリエルは社会派のイメージでも見られるようになった。

　次の第4作（「Security」、1982年）の仮題が「アフリカのユング」であったことは象徴的だ。以前からカール・グスタフ・ユングの心理学に親しんでいた彼は、「Biko」以後は第三世界への関心を強め、ワールド・ミュージック的な傾向を見せた。その延長線上でセネガルのユッスー・ンドゥールとの共作で同国の婦人解放をテーマにした「Shaking The Tree」（1989年）も生まれる。猿になる「Shock The Monkey」（「Security」収録）、ハンマーになる「Sledgehammer」（『So』収録：1986年）、カエルになる「Kiss That Frog」（『Us』収録：1992年）などジェネシス以来の変身願望も持続しつつ、ガブリエルは内的にも外的にも詞世界を広げたのだ。

ピーター・ガブリエル
『Peter Gabriel（Car）』（1977年）

ピーター・ガブリエル
『Peter Gabriel（Melt）』（1980年）

プログレッシヴ・ロックとSF

　1960～1970年代のロックは、J・R・R・トールキン『指輪物語』に代表されるファンタジーとともにSFからも大きな影響を受けた。アメリカのアポロ11号が人類初の月面着陸に成功したのは、ウッドストック・フェスが開催された1969年。ロックの隆盛期だった。宇宙への注目は人類以外の存在がいるかどうかと興味をかき立て、月旅行実現の一方で核実験が繰り返された当時の科学技術の向上は、未来への不安を誘った。そうした状況が、SFの流行につながったのである。コンセプト重視で今見えるのとは違う世界を描こうとしたプログレッシヴ・ロックにとって、ファンタジーとSFは発想の両輪となった。

　ジェネシス「Watcher Of The Skies」(『Foxtrot』収録：1972年)とピンク・フロイド「Childfood's End／大人への躍動」(『Obscured by Clouds／雲の影』収録：1972年)は、アーサー・C・クラーク『幼年期の終り』に触発された曲だった。デヴィッド・ボウイは、クラークが小説版を執筆した映画『2001年宇宙の旅』の影響で「Space Oddity」(『David Bowie』収録：1969年)を書きヒットした。彼は宇宙が題材の曲をしばしば発表してグラム・ロックの寵児となり、リック・ウェイクマン参加の「Life On Mars?／火星の生活」(『Hunky Dory』収録：1971年)も発表する。

　初期フロイドがスペース・ロックと呼ばれたのも同時代の宇宙ブームと呼応したところがあったが、後にロジャー・ウォーターズは『Amused To Death／死滅遊戯』(1992年)で『2001年宇宙の旅』に登場したコンピュータ"HAL 9000"の発話を引用しようとして、スタンリー・キューブリック監督から断られる。キューブリックが別のSF映画『時計じかけのオレンジ』を監督した際、サントラにフロイド『Atom Heart Mother／原子心母』(1970年)から使いたいと求めたのにバンドが断ったことが理由だという。ただ、キューブリックの死後、2015年にリリースされた『Amused To Death』のリマスター＆リミックスでは引用が実現している。

　フロイド関連では『Dark Side Of The Moon／狂気』(1973年)のエンジニアが始めたアラン・パーソンズ・プロジェクトの第1作が幻想小説の大家が題材の『Tales Of Mystery And Imagination／怪奇と幻想の物語 エドガー・アラン・ポーの世界』(1976年)だったのに対し、次作が『われはロボット』の邦訳で知られるアイザック・アシモフのSF古典をコンセプトにした『I Robot』(1977年)だった。

　イエスも、ロバート・A・ハインラインの小説『宇宙の戦士／Starship Troopers』から着想した「Starship Trooper」を『The Yes Album／イエス・サー

ド・アルバム』(1971年)で発表。同曲は1980年代を含めライヴで頻繁に披露され、アンコールでの演奏も多かった。東洋思想に傾倒していたイエスがポップ路線へ転換した『Tormato』(1978年)には「Arriving UFO／UFOの到来」というSF的モチーフの曲が収録された。バグルズの2人が加わった次作『Drama』(1980年)は、冒頭の大曲が機械の救世主を扱った「Machine Messiah」であり、SF的発想が強まる。

興味深いのは同作のもう1つの長尺曲「Into The Lens」。同曲は、バグルズのセカンド『Adventures In Modern Recording／モダン・レコーディングの冒険』(1981年)で「I Am A Camera」と題した別ヴァージョンが聴けた。このアルバムにはニュー・ウェイヴSF作家J・G・バラードの短編と原題が同一の「Vermilion Sands／朱色の砂」がある一方、「I Am A Camera」と同じく現代のガジェットを歌った「On TV」があり、そもそもタイトル曲でテクノロジーの進化を祝福していた。バグルズを有名にしたヒット曲「Video Killed The Radio Star／ラジオ・スターの悲劇」(『The Age Of Plastic／ラジオ・スターの悲劇』収録:1980年)以来の技術の驚異を歌うこの傾向は、高速道路、放射能、特急列車、ロボットなどを題材にしたドイツのクラフトワークを祖先とするテクノやエレポップの伝統芸だった。ここではないどこかを夢想するプログレと、現在進行形の技術に注目するテクノが、『Drama』で合流したのだ。それは今思えば、技術に夢想が呑みこまれる1980年代的な音楽シーンを象徴するような光景だった。

ピンク・フロイド
『Obscured by Clouds』(1972年)

アラン・パーソンズ・プロジェクト
『I Robot』(1977年)

イエス
『Drama』(1980年)

バグルズ
『Adventures in Modern Recording』(1981年)

Part 2
プログレッシヴ・ロックの裾野を広げた5バンドの歌詞世界

陰りゆく栄光を憂う四士
U.K. ——————— 172
U.K.

In The Dead Of Night
イン・ザ・デッド・オブ・ナイト（闇の住人）

時代と共に変革するプログレの先導者
Asia ——————— 180
エイジア

Heat Of The Moment
ヒート・オブ・ザ・モーメント

ある詩人の思索と内省
Van Der Graaf Generator
ヴァン・ダー・グラフ・ジェネレーター ──── 188

Killer
キラー

冴え渡る英国流アイロニー
Jethro Tull ──── 197
ジェスロ・タル

Thick As A Brick
ジェラルドの汚れなき世界（パートI）

ロックをアートに押し上げた草分け
The Moody Blues ── 206
ムーディー・ブルース

The Night : Nights in White Satin
夜〈サテンの夜〉

In The Dead Of Night

イン・ザ・デッド・オブ・ナイト（闇の住人）

U.K.
U.K.

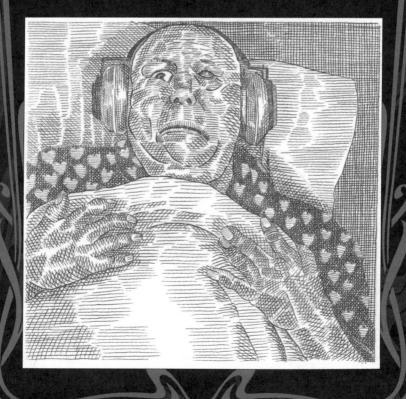

ジョン・ウェットンを呪縛する
夜の閉塞感と夜明けの苦悩

　ジョン・ウェットン（vo、b）とビル・ブルフォード（d）は、解散によってキング・クリムゾンという居場所を失った後、再び行動をともにする。彼らは、クリムゾンが解散直後に発表したライヴ・アルバム『USA』（1975 年）制作時にスタジオでのダビングに参加したエディ・ジョブソン（key、vln)、ブルフォードのソロ・アルバムで演奏したアラン・ホールズワース（g）とともに U.K. を結成した。

　ジョブソンは 2009 年の来日時に、当初彼とウェットン、ブルフォード、そしてキング・クリムゾンのロバート・フリップ（g）という 4 人でリーグ・オブ・ジェントルメンと名乗り活動しようとしたがフリップは参加せず、代わりにホールズワースが入ったと発言していた（『CD Journal』誌のインタヴューなど）。フリップは、後に別のメンバーでリーグ・オブ・ジェントルメン名義のバンドを組んでいる。

　U.K. とは、イギリスを意味する "United Kingdom" のことであると同時に、"K" の字には "King" Crimson の後継バンドという含みもあっただろう。確かにメンバーが重なっていることもあり、U.K. にはクリムゾンと共通する要素がある。

　一方、ウェットンとブルフォードは、U.K. のラインナップが固まる以前にイエスでブルフォードの同僚だったリック・ウェイクマン (key)とトリオを組もうとしたが頓挫していた。ただ、結果的に先の 4 人編成でリリースされることになった U.K. のデビュー作『U.K. ／憂国の四士』（1978 年）は、クリムゾン的要素とともにイエス的要素も感じられる内容になっていた。アナログ A 面の多くを占める「In The Dead Of Night ／闇の住人」〜「By The Light Of Day ／光の住人」〜「Presto Vivace And Reprise ／闇と光」の組曲が、イエス『Close To The Edge ／危機』（1972 年）の長尺のタイトル

曲と近い構成だったのである。

　まず、ロック的なパートがあり、キーボード中心の静かなパートへ移る。リズム隊の立てこんだ演奏を背景にキーボード・ソロの見せ場があってから、前半のロック的なリフが再登場しエンディングへ至る。4部構成だった「Close To The Edge」の2部〜4部とU.K. デビュー作の組曲は、そのような展開が共通していた。また、イエスの同曲が四季をモチーフにしていたのに対し、U.K. は夜と昼を対比させて詞を書いていた。

　アルバムのオープニング曲でもある「In The Dead Of Night」は、まず夜をこのように描き始める。

　　　　君も片目を開けたまま眠れる私の同類なのか？
　　　　狂いそうなほど孤独な時間をどうすればいいのか
　　　　苦しみながら
　　　　床でわずかな音が鳴っただけでも灯りを求め
　　　　手のひらは汗ばみ　扉が叩かれれば心臓が跳ね上がる

　　　　深い夜のなかで
　　　　深い夜のなかで

　"In The Dead Of Night"とは真夜中を意味する慣用句だが、語られる内容の陰鬱さからすると、"Dead ＝死" という不吉な単語を意図的に選んでいると想像される。眠っている間も片目を開けていなければならないほどの不安を、語り手は抱えているのだ。彼は、とても怯えている。

　　　　富や力を持つ者は　からみあった結び目を解き
　　　　高揚していく

思うままに欲望を満たすため
スリルや幻想に倦み疲れながら
窓は閉ざされ　内奥で押し殺した叫びは伝わらない
そこでどんなことが始まったのか
詮索する目も届かない

深い夜のなかで
深い夜のなかで

　続いて、富める権力者たちの夜の欲望、スリル、幻想の高揚感が歌われる。だが、それらは倦怠感を伴っているうえ、誰の目にも触れない出来事であり、前半で語られた孤独に通じる閉塞感が漂う。「In The Dead Of Night」に続く「By The Light Of Day」では夜明けへと場面が変わって熱気や激情が現れる一方、権力と栄光が苦悩を招き寄せることも語られる。光が差す昼になったからといって、ポジティヴな展開にはならない。そして、昼の光の下でも、夜の闇の中でも救われないことを確認するような終結部がやってくる。

　本来は静かなはずの夜のパートで寝苦しさを表すかのごとく変拍子が強調され、活動的なはずの昼のパートが気だるさを表現するようにドラムレスになる。詞のメランコリーを強調するアレンジになっているのだ。この点は、宗教的な悟りの境地をモチーフにしたイエス「Close To The Edge」のポジティヴな高揚感とは反対である。

　夜から昼への変化を追いつつ憂鬱な心情を描いた U.K. の「In The Dead Of Night」組曲は、日没の光景と心の内の"星1つない聖なる闇"を対比して終末観を歌ったキング・クリムゾンの「Starless」(『Red』収録：1974年)の表現法を受け継いでいると思える。「Starless」はリチャード・パーマー＝ジェイムズ作詞とはいえ、ウェットンとの共作に近いものだった。ゆえに詞のテイストが U.K. に継承されているのは、当然のことだろう。

『U.K.』では、この組曲以外にも時間を題材にした曲が多い。「Thirty Years ／若かりし頃」は、かつて思っていた夢や愛が崩れ去り、死を間近にしてこの 30 年間の悔いを吐露する。インストゥルメンタルの「Alaska」からメドレーで演奏される「Time To Kill ／時空の中に」では、寒い場所に閉じこめられていかに暇をつぶす（Time To Kill）かが歌われる。自分のいるところを独房、刑務所、生き地獄に喩えたうえでの暇つぶしだから、かなりの苦痛らしい。「Nevermore ／ソーホーの夜」は、ソーホーの街の享楽的な夜を描写した曲だが、"Nevermore"（二度とない）という利那性を示す言葉から歌いだされる。

　なぜ、この時期のウェットンが、時の移ろいに憂鬱さを覚えているような詞ばかりを書いたのか、真意はわからない。U.K. 解散後に彼が結成したエイジアのファースト・アルバム『Asia』（1982 年）は、収録曲の「Only Time Will Tell ／時へのロマン」にひっかけて "詠時感〜時へのロマン" と邦題がつけられていた。いかにもプログレ的なはったりをきかせた字面だが、同作の曲で扱われた時の流れは男女の恋愛をめぐるものが主であり、タイトルほど大袈裟な内容ではなかった。むしろ、時を詠嘆するような感じは、エイジアよりも抽象的な詞になっている『U.K.』のほうにあてはまる。

　アルバム最後に収録された「Mental Medication ／瞑想療法」では、音楽による心の癒しが歌われる。そこでは、太陽のような瞳で嘘をついた君になお魅かれる僕の思いが語られていた。この曲は、光に不信を抱く "闇の住人" への治療であるようにも思われる。

　『U.K.』の一連の歌詞を読んで連想するのは、ウェットンが「Starless」をバンドに提案して最初は却下されることになったキング・クリムゾン『Starless And Bible Black ／暗黒の世界』（1974 年）のジャケットだ。デザインはトム・フィリップスであり、バック・カヴァーの絵には "This Night Wounds Time"（この夜は時間を傷つける）

の文字が浮かびあがっていた。「In The Dead Of Night」をはじめとする『U.K.』の時間をめぐる歌詞は、その謎めいたフレーズの残響をどこか含んでいるように感じられるのだ。

▲U.K.『U.K.』の裏ジャケット。グレート・ブリテン島の航空写真が使われている。

▲同じく『U.K.』のインナースリーブ。こちらはイラスト化されたグレート・ブリテン島だ。

▲第二期U.K.のライヴ・アルバム『Night After Night』(1979年)。こちらも時の移ろいを示唆する言葉が使われている。

In The Dead Of Night

Words by John Wetton . Music by Eddie Jobson

Are you one of mine
   who can sleep with one eye open wide?
Agonizing psychotic
   solitary hours to decide
Reaching for the light
   at the slightest noise from the floor
Palms of hands perspire
   heart goes leaping at a knock on the
door

In the dead of night
In the dead of night

Rich and powerful ascend
   complicated bends to be free
To indulge in what the will
   any jaded thrill or fanstasy
Shuttered windows that belie
   all stifled cries from within
And prying eyes are blind
   to proceedings of the kind that begin

In the dead of night
In the dead of night

© Copyright by UNIVERSAL MUSIC MGB LIMITED
All Rights Reserved. International Copyright Secured.
Print rights for Japan controlled by Shinko Music Entertainment Co., Ltd.

U.K.
U.K.

時代を憂うプログレ・スーパー・バンド!

PROFILE

　キング・クリムゾンのジョン・ウェットン (vo、b) とビル・ブルフォード (d)、カーヴド・エアやロキシー・ミュージックにいたエディ・ジョブソン (key、violin)、ジャズ系のアラン・ホールズワース (g) が組んだ U.K. は 1978 年にデビューし、パンク隆盛の時代に気を吐いた。路線対立で 2 名が脱退し、残ったウェットンとジョブソンはテリー・ボジオ (d) と第 2 作『Danger Money』(1979 年) を発表するがツアー後に解散。2011 年にジョブソンとウェットンで再結成してライヴを行ない、後にボジオも一時的に参加した。

収録アルバム　『U.K. ／憂国の四士』(1978年)

①In The Dead Of Night　②By The Light Of Day　③Presto Vivace And Reprise　④Thirty Years　⑤Alaska　⑥Time To Kill　⑦Nevermore　⑧Mental Medication

　7拍子のリズムの①で始まり③まで続く組曲に表れている通り、高度なテクニックを持つ4人が集まった。ウェットン&ジョブソンのポップ志向とブルフォード&ホールズワースのフュージョン志向が、ここではうまくつりあっていた。だが、長続きせず分裂してしまうのだ。

▲上写真：左より、エディ・ジョブソン、ビル・ブルフォード、ジョン・ウェットン、アラン・ホールズワース
Photo/Getty Images

Heat Of The Moment

ヒート・オブ・ザ・モーメント

Asia
エイジア

時代と、年齢を重ねた自身に対応した
ウェットンの成熟

　キング・クリムゾン／U.K. のジョン・ウェットン（vo、b）、イエスのスティーヴ・ハウ（g, vo）、エマーソン、レイク＆パーマーのカール・パーマー（d）、バグルズ／イエスのジェフ・ダウンズ（key）という有名プログレ・バンドのメンバーたちが集まってエイジアが結成されたわけだ。だが、彼らの第1作『Asia ／詠時感～時へのロマン』（1982 年）はサウンドにプログレ的な壮大さがありつつも、コンパクトな構成にまとめられ、親しみやすいポップ・ソングと言える曲が集まっていた。

　プログレの歌詞というと幻想的、抽象的、コンセプチュアルというイメージが強いが、曲調のポップ化と呼応してエイジアの歌詞もわかりやすいものになっていた。アメリカで大ヒットした彼らのデビュー・シングル「Heat Of The Moment」はその典型であり、かつて恋愛関係にあった男女の以後の年月を描いたほろ苦いラヴ・ソングだった。

> 決して悪気があったわけではないんだ
> 口にしてはいけない一言を発してしまった
> 君の一瞥で僕は好意を失ったのだと知り
> 顔から笑みが消えていった
>
> 二人でよく踊ったのを覚えているだろう？
> なりゆきで行き違いが重なった
> 1つのトラブルが別のトラブルを呼ぶ　僕らは若かった
> 一緒に歌おうとしても歌にならず二人で叫んでいたんだ

こうして若い頃の恋愛が語られ始めるが、語り手はもう若さの中にはいない。別れてから何年経ったのかわからないが、曲が発表された年でもある1982年の今、彼は大人になった相手のことを歌う。ただの想像なのか、誰かから伝え聞いたのかわからないが、彼は元カノの今が気になってしかたがないようだ。

　　　そして1982年の今にいる自分を見出す
　　　人気のディスコはもう君を魅了しない
　　　もっと大きな話にかかわれるようになったのだから
　　　君は真珠を手に入れ　ドラゴンにまたがって飛ぶんだ

　ディスコ遊びを卒業した彼女は、キャリア・ウーマンになって重要な案件を任されているのかもしれない。その充実感、高揚感が、真珠やドラゴンの比喩で表現されている。
　アルバムのジャケットは、巨大な真珠に見えなくもない玉をドラゴンが追いかける絵だ。イエスの諸作のアートワークで知られるロジャー・ディーンが、ハウとのつながりゆえエイジアのデザインにも起用された。デヴィッド・ギャラント著『エイジア　ヒート・オブ・ザ・モーメント』（金子みちる／宮坂聖一訳）によると、ディーンはハウから打診された時、すでに海上で体をしならせるドラゴンの絵を描きあげていたという。
　一方、同書によるとアルバム収録曲のうち、ウェットンは早い段階でハウとの共作で「One Step Closer」、「Without You」、「Here Comes The Feeling ／ときめきの面影」を手がけていたという。それに対し「Heat Of The Moment」は、エイジア結成前、ウェットンがウィッシュボーン・アッシュで活動していた頃にコーラス部分を書き、『Asia』レコーディング中にダウンズとともに作りあげたという。真珠とドラゴンの一節は、ディーンの絵を見て生まれたのかもしれない。

後に「Heat Of The Moment」のアコースティック・ヴァージョンからスタートするウェットンのソロ・ライヴ・アルバムが『Chasing The Dragon』(1994 年) と題されたのも、そのドラゴンに由来するのだろう。また、同ライヴでは詞の "1982 年 " が "1994 年 " となっていたが、ウェットンはしばしば歌う年にあわせてその部分を変えている。最初に "1982 年 " と歌った時点でウェットンはすでに前歴のある中堅アーティストであり、若き日々を追想する立場がはまっていた。詞の中でディスコの熱狂に触れてもディスコ・ビートを演奏しようとはしなかったことも、歳相応のふるまいに感じられる。そう考えると、年月を重ねても歌い続けられるし、アコースティック・ヴァージョンも似あう曲だ。

ウェットンの初の失恋が題材だったという「Only Time Will Tell／時へのロマン」、彼女の望みや行動への不信感を吐露した「Time Again」など、『Asia』では男女のディスコミュニケーションをテーマにした曲が多い。『エイジア　ヒート・オブ・ザ・モーメント』には収録曲に関するウェットンのコメントが多く記されている。「私はずいぶん叩かれたものだよ。女性不信だと受け取られてしまったからね」、「エイジアの歌詞はどれもやや女嫌いなところがあり、幾分攻撃的だ。それらの歌詞を振り返ってみると、当時、私は悪いところにいたに違いないと思う」などと回想している。

なるほど「Heat Of The Moment」の次の部分などをみると、女嫌いと感じられるし反発が出るだろうと思う。

　　　君の容姿も衰え　独りになった時
　　　電話のすぐ脇に座って幾夜を過ごすのか
　　　君が本当に求めていたのはなんだったんだろう？
　　　よく思い出すのは十代の頃の野心さ

ディスコに興じたのが遠い過去となり、社会に出て成功したもの

の歳をとって寂しさを感じ、自分のこれまでを空虚だと思うようになった。元カノのそんな年月を容貌の劣化を指摘しつつ歌うのだから、確かに攻撃的だし、女性不信ととらえられたってしかたがない。ウェットンは同曲について「どうして自分はあんなに馬鹿だったのかと思いつつも、でもコーラスの歌詞にあるように、何とか自分の状況を正当化しているという話なんだ」とも語っている。コーラスが二通りに歌われるのが、自己正当化の気分をよく表している。

　　　それはひと時の熱情
　　　僕の心はなにを求めていたのだろう
　　　君の瞳がひと時の熱情を映していた

　　　それはひと時の熱情
　　　君の心はなにを求めていたのだろう
　　　君の瞳がひと時の熱情を映していた

　自分の心を問い、相手の心を問い、僕もいけなかったけど君もいけなかったよねという思いをにじませている。未練がましく情けない態度だ。だが、ここには失恋経験のある人なら「わかるわかる」と言いそうな思い出の甘さ、悔い、怒り、葛藤がある。「Heat Of The Moment」を筆頭に「Only Time Will Tell」、「Time Again」といった『Asia』の曲は、時間の推移をモチーフにしている点で U.K.『U.K.／憂国の四士』(1978 年) と共通する。だが、U.K. が抽象的だったのとは違い、エイジアには恋愛の "あるある" 感がある。彼らが大衆的に受け入れられた一因だろう。

Heat Of The Moment

Words & Music by John Kenneth Wetton and Geoffrey Downes

I never meant to be so bad to you
One thing I said that I would never do
A look from you and I would fall
   from grace
And that would wipe the smile right
   from my face

Do you remember when we used to dance
And incidents arose from circumstance
One thing led to another, we were young
And we would scream together songs
   unsung

It was the heat of the moment
Telling me what my heart meant
The heat of the moment   *
Showed in your eyes

And now you find yourself in '82
The disco hot spots hold no charm for you
You can concern yourself with
   bigger things
You catch the pearl and ride the dragon's
   wings

'Cause it's the heat of the moment
The heat of the moment
The heat of the moment
Showed in your eyes

And when your looks have gone and you're
    alone
How many nights you sit beside the phone
What were the things you wanted for
    yourself
Teenage ambition you remember well

* Repeat

It was the heat of the moment
Heat of the moment
Heat of the moment
Showed in your eyes

Heat of the moment
Heat of the moment
Heat of the moment

© 1982   ALMOND LEGG MUSIC CORP.
All rights reserved. Used by permission.
Print rights for Japan administered by Yamaha Music Entertainment Holdings, Inc.
© CROSSTOWN SONGS UK LTD.
The rights for Japan assigned to FUJIPACIFIC MUSIC INC.

Asia
エイジア

80年代型プログレの先導者

PROFILE

　名門バンドに在籍した4人で1982年にデビューし、成功したエイジア。だが、ジョン・ウェットン（vo、b）の一時的脱退でグレッグ・レイク（vo、b）が代役を務め、スティーヴ・ハウ（g）が初期2作だけで脱退するなど内紛が続き、いつの間にか、元バグルズで最もポップ寄りなジェフ・ダウンズ（key）のプロジェクトと化していた。2005年にオリジナル・メンバーで再結成したのは奇跡のようだった。ハウが離脱しウェットンが2017年に死去した後も、ビリー・シャーウッド（vo、b）の加入などでバンドは続いている。

収録アルバム　『Asia／詠時感〜時へのロマン』（1982年）

①Heat Of The Moment　②Only Time Will Tell　③ Sole Survivor　④ One Step Closer　⑤ Time Again　⑥Wildest Dreams　⑦Without You　⑧Cutting It Fine　⑨Here Comes The Feeling

　キング・クリムゾン、U.K.、イエス、バグルズ、EL&Pにいた4人が、コンパクトなポップ・ソングを演奏し、①、②、③というシングル・ヒットを生んだのが本作。とはいえ、⑤、⑥などのドラマチックな展開にはプログレ的エッセンスが詰まっている。彼らはこの時点で正しい判断をした。

▲上写真：左より、スティーヴ・ハウ、カール・パーマー、ジョン・ウェットン、ジェフ・ダウンズ

Killer

キラー

Van Der Graaf Generator
ヴァン・ダー・グラフ・ジェネレーター

自己の衝動に抗えない
殺人者の孤独

　ピーター・ハミル（vo）の内省的なヴォーカルを中心にフリーキー
な演奏を繰り広げる。ヴァン・ダー・グラフ・ジェネレーターとはそ
のようなバンドであり、詩人のごとき印象を与えるハミルの作風を象
徴するのが、彼らのサード・アルバム『H To He Who Am The
Only One ／天地創造（旧邦題：核融合)』（1970 年）の冒頭に収
録された「Killer」だ。"H To He"とは水素（H）がヘリウム（He）
に変化するという宇宙の恒星で恒常的に起きている現象を指してお
り、アルバム・タイトルはその絶対性と個人の唯一性を重ねあわせ
るような発想になっている。

　ハミルが本作で自らに見出した個性は、孤独だった。「Killer」には、
そのことがわかりやすく表れている。

　　　　そんなわけで君は海の底で生きている
　　　　近づくものみんなを殺しながら
　　　　でも君はとても孤独なんだ
　　　　ほかの魚すべてが君を恐れているから
　　　　自分の仲間と呼べる誰かと親しくしたいって切望している
　　　　なぜなら　生まれてからずっと
　　　　一人ぼっちで過ごしてきたから

　　　　暗黒の月の暗黒の日に　暗黒の海底で
　　　　お母さんは君を産み　すぐに死んだ
　　　　なにしろ同じ部屋に殺し屋が二人も
　　　　住むことなんてできないから
　　　　お母さんはその時がやってきたのを知った時

心底から喜んでいた

　サメを主人公として書かれた歌詞では、その存在が殺し屋と位置づけられている。殺人をモチーフにしたポップ・ミュージックで最も有名なのはクイーン「Bohemian Rhapsody」(『A Night At The Opera ／オペラ座の夜』収録／1975 年) だろうが、同曲は人を殺(あや)めてしまった青年が、これから自分はどうすればいいのか混乱した感情のまま母親に呼びかける内容だった。しかし、ハミルが描く殺し屋の親子関係は甘いものではない。「Killer」の主人公は、ほかの誰かと共存することができない。だから、彼を産んですぐに母が死んだのは喜ばしいことだったのだ。そこには、もし母が生き延びていれば主人公が殺していただろうという含みがある。

　海といえば広大なはずだが、この曲は洞窟などの閉域を舞台にしているらしく"同じ部屋に殺し屋が二人も住むことなんてできない"と歌われる。かつては国語の教科書によく採用されていた井伏鱒二の有名な短編小説『山椒魚』を連想する人もいるだろう。谷川の岩屋に一匹で住んでいた山椒魚は体が大きくなりすぎてそこから出られなくなる。孤独に苦しむ山椒魚は、岩屋に入りこんだ蛙に意地悪して閉じこめて冷戦状態になるが、やがて態度を軟化させるという展開だ。「Killer」のシチュエーションはそれに近いが、『山椒魚』とは違って同居する相手は現れず、いつまでも孤独なままなのだ。

　　海中の死　海中の死
　　誰か　お願いだ　僕を助けに来てくれ　助けに来てよ
　　魚は飛べないんだ　飛べやしない
　　魚にはできないし僕にだってできない　できないんだよ

　　今では僕も君そっくり　得た愛をみな殺してしまったから

するべきことをまったくせず　心が悪に傾くままにした
そして僕も殺し屋になったというわけ
肉体の深くに激情があるから
そうさ　僕もとても孤独なんだ
忘れてしまいたいと思っているのに

　　僕らには愛が必要だ　僕らには愛が必要だ

　誰かを愛したい、誰かから愛されたいのに相手を傷つけてしまうことで主人公は苦しむ。こうした孤独のテーマは『H To He Who Am The Only One』収録のほかの曲にも共通するものだった。典型的なのは「House Is No Door」であり、“扉のない家”という曲名からして閉塞感に覆われている。主人公が住むその家にはいろいろなものがない。扉だけでなく屋根もないが、だからといって空が見えて開放感があるわけではなく雨が降りこんでくる。水によって外部と隔てられる感覚は、「Killer」において主人公をとり囲んでいた海水と同様の意味を持つ。さらにベルも音も明かりもない家に住む主人公が、助けを求める声を上げる点も「Killer」と同様だ。

　「Lost」でも迷子になった主人公は自分が死んでいくような気分に陥り、愛を求めてもがいている。この曲にも自分をとり巻くものとして比喩的に水が登場する。

　「Pioneers Over C」でも迷子の状態が歌われるけれど、こちらはスケールが大きい。宇宙船で旅立ち光速で航行した結果、もとにいた場所と飛行士たちの間では時間の進み方が異なってしまう。愛する人々は 10 世紀前だか 15 世紀前だかに過ぎ去った。彼らは、長い時間の流れのなかで迷子になったのである。ここでも助けを求める声が叫ばれるが、孤独感を強調するために SF 的な設定が導入されているのだ。宇宙船がどのような形状であり、旅でなにが起きたのかなどのディテールは語られない。ただ、自分の運命を呪う主人

公の心情が吐露される。SF的なガジェットや物語への興味ではなく、あくまでも語り手の内省的な思索に歌のポイントはある。このような表現姿勢が、ハミルを詩人だと思わせるのだ。

　前作『The Least We Can Do Is Wave To Each Other（／旧邦題：精神交遊）』(1970年)にも宗教裁判を背景にした「White Hammer」、洪水の後の風景を描いた「After The Flood」など時間的スケールの大きい曲はあった。だが、視点人物の心情に焦点をあてた内容へと詞の方向性がはっきり整えられたのは『H To He Who Am The Only One』においてだった。

　「Killer」では、他人を傷つけ自分も傷つける主人公のやむにやまれぬ性質を殺し屋に喩えていた。その表現法を拡張したのが、やはり同作収録の「The Emperor In His War Room」だったと言える。ここには、人々を惨たらしく虐げている暴君が登場する。彼は他人の命を奪うことによって自身の命を削っているのだという。"War Room（戦いの間）"にいる暴君には孤独感が漂う。その部屋には「House Is No Door」と同じく扉がないのではないかと想像させるような閉塞感が漂っている。

　主人公以外には母との関係にしか言及されない「Killer」のサメと、多数の領民がいると見られる「The Emperor In His War Room」の暴君は、舞台のスケール感に違いはあれども、主人公の心の閉塞感に通底するところがある。ハミルの特徴が内省だといっても、ヴァン・ダー・グラフ・ジェネレーターの歩みのなかでも特に『H To He Who Am The Only One』は、孤独の色ばかりで染められたアルバムだったのだ。

　そして、次作『Pawn Hearts』(1971年)収録の「Man-Erg」は、「Killer」と「The Emperor In His War Room」の両方を引き継ぐような曲になっていた。同曲では「私のなかに殺し屋が住んでいる」という主人公が、自分はただの男であると同時に殺し屋であり、天使、独裁者、救い主、難民でもあると吐露するのだ。彼が姿を様々な形

に変えるとしても、閉塞感を抱えて自由を欲しがり、助けを求めている点は変わらない。ハミルの根っこにあるものが、そこでも歌われていた。

▲『H to He, Who Am the Only One』ジャケット内側の見開きアートワーク。ジェネシスの『Foxtrot』などを手がけたポール・ホワイトヘッドによる"Checkmate"という作品を使用したものだが、同作収録「Pioneers Over C」の"孤独"を表現しているようにも受け取れる。

▲ヴァン・ダー・グラフ・ジェネレーターの次作『Pawn Hearts』(1971年)。こちらもポール・ホワイトヘッド作で、タイトルの示唆でもあり、前作にも通ずるチェスの駒がモチーフとなっている。

Killer

Words & Music by Hugh Robert Banton, Peter Joseph Andrew Hammill and Chris Judge Smith

So you live in the bottom of the sea,
And you kill all that come near you....
but you are very lonely, because all the
    other fish
fear you....
And you crave companionship and
    someone to call your own,
because for the whole of your life
you've been living alone.

On a black day in a black month
at the black bottom of the sea,
Your mother gave birth to you and died
Immediately....
'Cos you can't have two killers living
in the same pad.
and when your mother knew that
    her time had come
she was really rather glad.

Death in the sea, death in the sea,
somebody please come and help me,
come and help me
Fishes can't fly, fishes can't fly,
Fishes can't and neither can I,
neither can I....

Now I'm really rather like you,
for I've killed all the love I ever had
by not doing all I ought to and by leaving
my mind coming bad.
And I too am a killer,
for emotion runs as deep as flesh
and I too am so lonely, and I wish that
   I could forget
We need love,
We need love,
We need love........

© Copyright　CARLIN MUSIC CORP.
All rights reserved. Used by permission.
Print rights for Japan administered by Yamaha Music Entertainment Holdings, Inc.

Van Der Graaf Generator
ヴァン・ダー・グラフ・ジェネレーター

内省と思索により稼働する発電機

PROFILE

　ピーター・ハミル (vo)、ヒュー・バントン (key)、ガイ・エヴァンス (d) などの編成で1969年にデビューしたヴァン・ダー・グラフ・ジェネレーターは、デヴィッド・ジャクソン (sax) を加えた第2作『The Least We Can Do Is Wave To Each Other』(1970年) からドラマチックな曲展開で本領を発揮する。解散と再結成、メンバー交代でグレアム・スミス (violin) 加入、バンド名変更などがありつつ、よりアグレッシヴなサウンドに移行するが、1978年に解散。2004年に再結成している。

収録アルバム　『H To He Who Am The Only One／天地創造』(1970年)

① Killer　② House With No Door　③ The Emperor In His War Room / a.The Emperor / b.The Room　④ Lost / a.The Dance In Sand And Sea / b.The Dance In Frost　⑤ Pioneers Over C

　ハミルが一部でアコギを弾くもののギタリスト不在でキーボードと管楽器が主導する編成。特にテナーとアルトのサックス2本を同時に吹くジャクソンは、ハミルのヴォーカルとともにサウンドをアグレッシヴにした。本作は③にロバート・フリップが参加したことでも知られる。

▲上写真：左より、ガイ・エヴァンス、ヒュー・バントン、ピーター・ハミル、デヴィッド・ジャクソン
Photo/Getty Images

Thick As A Brick

ジェラルドの汚れなき世界（パートI）

Jethro Tull
ジェスロ・タル

8歳の天才詩人が綴る
痛烈な社会批判

　ジェスロ・タルが1972年に発表した『Thick As A Brick ／ジェラルドの汚れなき世界』は、文学振興協会主催のコンテストで優勝した8歳の少年、ジェラルド・ボストックが書いた叙事詩にイアン・アンダーソン（vo、fl、g）が曲をつけたコンセプト・アルバムだった。アルバムを通して全1曲の大作であり、その詩はとても挑発的に始まる。

　　　あなたがこの話に最後までつきあってくれなくても
　　　かまわない
　　　僕の言葉は囁きではない
　　　でも耳を貸す気のない人にしたら叫び声
　　　あなたに感じてもらうことはできるかもしれないけど
　　　考えさせることはできない
　　　あなたの精液は排水溝に流れ
　　　あなたの愛は汚水溜めのなか
　　　だからあなたは自分を駆って野を越え
　　　あらゆる動物と取引する
　　　そして　賢者たちにはわからない
　　　煉瓦みたいに愚鈍であるのがどんな感じか

　最初の1行からもう、聴きたいやつだけが聴けという不遜な態度だし、"精液は排水溝"、"愛は汚水溜め"と強烈な皮肉をかますあたり、10歳にも満たない子どものくせにませすぎである。"煉瓦みたいに愚鈍"なのがどんな感じかわかるかと問うジェラルドは、愚鈍どころかとても利発そうだ。

アンダーソンは後年、このアルバムとソロ（Jethro Tull'S Ian Anderson 名義）で製作した続編『Thick As A Brick 2／ジェラルドの汚れなき世界2』（2012 年）の2作を全曲演奏するツアーを行ない、映像版が日本でもリリースされた。そこでは歌詞に日本語字幕が付されたが、"煉瓦みたいに愚鈍（Thick As A Brick）"の部分がアルバムの邦題通り"汚れなき世界"と訳されていた。まるで意味が違うけれど、文豪ドストエフスキーの長編小説『白痴』の主人公ムイシュキンが作中で"おばかさん"にみられると同時に無垢な人とされていたことを考えれば、愚鈍＝汚れないという解釈も成り立たなくはない。ないのだが……、そもそもジェラルド・ボストック8歳が詩を書いたという設定自体が、ホラなのだった。

『Thick As A Brick』は、"Little Milton（ちびっこミルトン）"とジェラルドを叙事詩の古典『失楽園』の作者ミルトンに喩え、コンテスト優勝を報じる新聞紙面がアルバムのデザインになっている。だが、それは架空の新聞であり、掲載された記事、広告、星占い、クロスワード・パズルなど全部がフェイクだった。バンド・メンバーのアンダーソン、ジェフリー・ハモンド＝ハモンド（b）、前歴が記者だったクリサリス・レコードのロイストン・エルドリッジなどが仕掛けた冗談だったのだ。本当に作詞したのはアンダーソンだったが、当時は神童の詩と信じた人たちもいたらしい。

というわけで、愚鈍でも無垢でもない、狡猾なコンセプト・アルバムである。ジェスロ・タルはなぜ、そんなことをしたのか。彼らの前作『Aqualung』（1971 年）について信仰をめぐるコンセプト・アルバムだとする批評が出回ったが、実際はそのテーマに関連した曲は一部にとどまっていた。コンセプトに基づいた収録曲はわずかなのに深読みされ、コンセプト・アルバムという評価が独り歩きしたのである。この分野の金字塔とされる『Sgt. Pepper's Lonely Hearts Club Band』（1967 年）をめぐっても、ビートルズ関係者の後の証言によればコンセプトに沿って作られた曲は少々だったというし、同

様の事態が『Aqualung』でも繰り返されたわけだ。

　それならばと、アンダーソンは少年の叙事詩という設定をでっちあげ、コンセプト・アルバムのパロディを演じてみせた。このことを知ったうえで歌詞を読むと、受けとりかたは違ってくるだろう。

　　　　砂の城のごとき美徳は潮の満ち干に壊され流され
　　　　道徳は混乱　伸縮する撤退戦で終幕のベルが鳴る
　　　　最後の波が最新流行の内幕を露わにする
　　　　でもあなたの新しい靴は踵が擦り切れている
　　　　あなたの日焼けした肌もみるみる剥がれる
　　　　そして　賢者たちにはわからない
　　　　煉瓦みたいに愚鈍であるのがどんな感じか

　"賢者"とは深読みをしすぎた批評家を意識したものととらえられるし、"煉瓦みたいに愚鈍"なのは"賢者"のほうだと揶揄したのかもしれない。

　　　　僕の感じる愛は　とても遠くへ去った
　　　　今日見た悪い夢そのものに僕はなってしまった
　　　　そして　あなたは頭を振って言うわけさ
　　　　残念だったね

　　　　年月を巻き戻して　僕の若き日々に帰してほしい
　　　　レースの黒いカーテンを引いて
　　　　真実を全部締め出すんだ
　　　　長い歳月を巻き戻して　彼らに歌を歌わせてくれ

　ジェラルドの叙事詩は、このあとも長々と続く。男の子の誕生が語られ、賢者のほか、詩人、絵描き、若者、老人、権力者、罪人、

英雄、王、乙女など様々なタイプの人間に言及していく。その過程で人生についての警句、風刺、昔話のような多彩な表現がちりばめられるが、起承転結のわかりやすいストーリーがあるわけではない。ただ思いつくまま、勢いで言葉を連射したようにみえる。そして最後の最後にまた「賢者たちにはわからない／煉瓦みたいに愚鈍であるのがどんな感じか」と告げて終わる。これが8歳による作品ならば、子どもなのに人間社会の諸相を見抜いているみたいな、ずいぶん大人びた詩だね、というところ。しかし、大人が書いたものだとわかれば、話がちらかっているのは口から出まかせの連続だからかもしれないし、ただ笑うしかない。

　ジェスロ・タルは次作『A Passion Play』（1973年）を来世に転生した男をテーマに構成してセールスは好調だったものの、内容の難解さが批評家に酷評された。前作でコンセプト・アルバムのパロディを意図した彼らが、今度は真面目にコンセプトに取り組んだら深みにはまった。ミイラとりがミイラになったという図式である。難しいものだ。

　『Thick As A Brick』から40年後の2012年、アンダーソンはソロ・プロジェクトとして『Thick As A Brick 2』を発表した。時代推移を反映してアルバム・デザインは、紙ではなくネット上の新聞を模したものになった。その記事では、選挙で落選し政界から引退したジェラルド・ボストック（現在50歳）が、回顧録を執筆予定と報じていた。また、かつて彼が詩を書いたのは8歳と両親は偽っていたものの実は9歳であり、優勝時には10歳だったと明かした（嘘に嘘をトッピングしている！）。アルバムではそんな彼をめぐり、銀行家、ホームレス、軍人、聖歌隊、まったくの普通人といった、ありえたかもしれない複数の人生を語る。かつて様々なタイプの人間を自らの詩に登場させた神童が、様々な大人になってみせる趣向なのだ。ケース別に話が整理されたうえでそれぞれの立場が皮肉られる。叙事詩ではなく小噺を集めたような構成であり、続編のほうがわか

りやすい。子どものジェラルドは虚構だったが、大人のジェラルドは可能性の数々だともいえる。アンダーソンはそうすることでコンセプト・アルバムという手法の可能性をもさらに広げようとしたのだ。

◀『Thick As A Brick』は広げるとタブロイド紙の体裁となる変形ジャケットを採用（写真は紙ジャケ版CD、TOCP-65883のもの）。写真に写っている少年がジェラルド・ボストックだ。

▲『Thick As A Brick』のジャケット内面。6～7面にはイラスト・パズルやクロスワード、偽のテレビ番組表などが掲載。右上の部分が本曲の歌詞だ。

Thick As A Brick

Words & Music by IAN ANDERSON and GERALD BOSTOCK

Really don't mind if you sit this one out.

My words but a whisper – your deafness
a SHOUT.
I may make you feel but I can't make
you think.
Your sperm's in the gutter – your love's
in the sink.
So you ride yourselves over the fields and
you make all your animal deals and
your wise men don't know how it feels
to be thick as a brick.

And the sand-castle virtues are all
swept away in
the tidal destruction
the moral melee.
The elastic retreat rings the close of play
as the last wave uncovers
the newfangled way.
But your new shoes are worn at the
heels and
your suntan does rapidly peel and
your wise men don't know how it feels
to be thick as a brick.

And the love that I feel is so far away :
I'm a bad dream that I just had today
    - and you
shake your head and
say it's a shame.

Spin me back down the years
and the days of my youth.
Draw the lace and black curtains
and shut out the whole truth.
Spin me down the long ages :
let them sing the song.

※掲載した歌詞はCDタイム2分54までの抜粋となっています。ご了承ください。

© THE IAN ANDERSON GROUP OF COMPANIES
Permission granted by FUJIPACIFIC MUSIC INC.
Authorized for sale in Japan only.

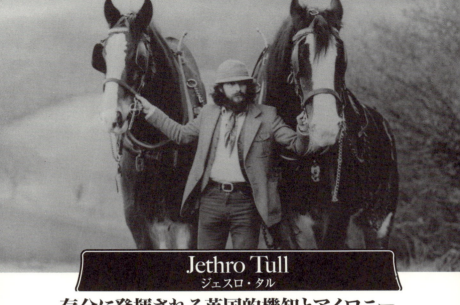

Jethro Tull
ジェスロ・タル

存分に発揮される英国的機知とアイロニー

PROFILE

　ジェスロ・タルはフルートの一本足奏法で知られるイアン・アンダーソン (vo) を中心に結成され、1968年にデビュー。マーティン・バレ (g)、ジョン・エヴァン (key) の加入後、『Aqualung』(1971年) でサウンドの方向性が明確になる。同作以後、彼らのコンセプト・アルバム時代を経て、アンダーソンはエディ・ジョブソン (key) も参加したソロ作を準備するが、商業的要請でジェスロ・タル名義の『A』(1980年) となる。2011年にはバンド活動停止が宣言されたものの、結成50周年の2017年に復活している。

収録アルバム　『Thick As A Brick／ジェラルドの汚れなき世界』(1972年)

①Thick as a Brick, Part I　②Thick as a Brick, Part II

　ギターとオルガンが対峙してハード・ロック的に躍動するパートとアコギによる牧歌的でフォーク的なパートが交互に登場する。アンダーソンの吹くフルートはクラシック的ではなくトラッド的であり、そのことがバンドのサウンドを庶民的な印象にして親しみやすいものにしている。

▲上写真：イアン・アンダーソン

The Night:
Nights In White Satin

夜〈サテンの夜〉

The Moody Blues
ムーディー・ブルース

一日の出来事に人の一生をなぞらえた
プログレの黎明を告げる一作

　ムーディー・ブルースの 1967 年のヒット・シングル「Nights In White Satin ／サテンの夜」は、このように歌いだされる。

> 白いサテンに覆われた夜は　もう明けることはない
> 僕は何通も手紙を書いたけれど
> 送るつもりはまったくなかったんだ
> すぐ目の前にあった美を　僕はいつも見逃してきた
> 真実がなんなのかさえ　もう語ることができない

　届かぬ想いを抱えたまま悩む彼にとって、夜は長すぎる。その夜の静寂を滑らかな織物に喩えたのが美しい。シングルだけを聴けば、悲恋を甘く歌った曲だと思う。だが、アルバム全体の流れの中で聴くと、ただのラヴ・ソングでは終わらない深い情感が伝わってくる。

　オーケストラを導入したロックの先駆けとなった『Days Of Future Passed』(1967 年) に収録されていた曲だ。同年にはビートルズが『Sgt. Pepper's Lonely Hearts Club Band』を発表してコンセプト・アルバムの流行をもたらしたが、同作は収録曲すべてがコンセプトに沿っていたわけではない。コンセプトの徹底性に関しては、『Days Of Future Passed』のほうが上回っていた。それは、人の 1 日についてアルバム全体を通して表現するものだった。

　まず、幕開けの「The Day Begins ／一日が始まる」で夜の終わりが語られ、続く「Dawn:Dawn Is A Feeling ／夜明け〈夜明けの空〉」で新しい 1 日の始まりが歌われる。「The Morning:Another Morning ／朝〈アナザー・モーニング〉」では子どもたちが登場し、「Lunch Break:Peak Hour」で騒がしく忙しい時間が描かれる。ア

207

ナログ盤ではここまでが A 面だった。

　B 面に入ると「The Afternoon:Forever Afternoon（Tuesday?）/：Time To Get Away ／昼下がり〈永遠の昼下がり〉」で語り手がこれまで歩いてきた自分の道をふり返り、内省的になり始める。「Evening：The Sunset ／：Twilight Time ／夕暮れ〈夕陽とたそがれ〉」で黄昏へと移っていく空の変化が描かれ、ともに夢を見ようと誘う。そして、最後の「The Night：Nights In White Satin ／夜〈サテンの夜〉」へと至る。基本的に「Nights In White Satin」は、「The Night」の前半部分を抜粋してシングル化したものだ。

　このようにアルバムの流れを見てみると、夜明け、朝、昼、夕、夜と 1 日の推移をたどるだけでなく、無邪気に遊ぶ子ども時代、忙しくなるピークの青年期、働き盛りだが半生を省みるようにもなる熟年期といったぐあいに、人の一生を 1 日で表現しようとするものにもなっている。それを踏まえたうえで「Nights In White Satin」を聴くと、人生経験を積んでも互いが理解しあうことは難しく、あきらめと希望の間でなお揺れる心情が受けとれる。内省が強まる夕暮れは老いの比喩でもあっただろうから、夜は新たな一日の始まりへとつながるものであると同時に、死の予感をはらんでもいる。

　　　人々を見ていると　手をとりあっているものたちもいる
　　　僕がどんな風に過ごしているか　彼らにはわからないさ
　　　誰も抗弁できない考えを
　　　僕に吹きこもうとする人たちもいる
　　　結局　君はそうありたいと望む君になるしかない

　　　僕は君を愛している　そうさ愛しているんだ

　ジャスティン・ヘイワード（vo、g）が歌う愛は、人の一生を主題にしたアルバムの流れの中で聴くと、曲単体で聴く時よりも切実な

響きに感じられる。人と人は必ずしもわかりあえないが、かといって一人っきりで生きていくのは耐えられない。そのような孤独への恐れが含まれている。

　人の１日というコンセプトに関しては、かのピンク・フロイドも取り組んだことがあった。彼らは1969年のライヴで「The Massed Gadgets Of The Auximines（オーグジマインズの集積装置）」と呼ばれる組曲を演奏した。それは「The Man」と「The Journey」の２つのセクションから構成され、前者で普通の労働者の１日を、後者で彼の夢における体験を描いたのである。「The Man」では、打撃音の連続で労働を表現した「Work」のほか、「Daybreak」の導入部で小鳥のさえずり、「Labyrinth」で時計など現実音を曲に織り交ぜていた。後に彼らが得意とする手法の萌芽が見られたのだ。また、「Teatime」ではメンバーがステージ上でお茶を飲むなど日常風景を寸劇的に演じる場面もあったという。

　この組曲は当時、アルバム化されず、一部の曲が『More』（1969年）、『Ummagumma』（同）などに収録されただけだったが、後にボックス・セット『The Early Years 1965-1972』で全体のおおよそが聴けるようになった。ピンク・フロイドの試みは、音楽の起伏よりも現実音や寸劇の導入という実験が目立ち、むしろ曲のアレンジ自体は平板な印象がある。それに対しムーディー・ブルースは、ロックにオーケストラを融合したゴージャスなサウンドでメロディアスな曲が多く、ドラマティックでロマンティックな作品になっている。

　２つのバンドに関してもう１つ興味深いのは、先行したムーディー・ブルースの詞に、ピンク・フロイド『The Dark Side Of The Moon／狂気』（1973年）と近い発想が見られたこと。『Days Of Future Passed』は「The Day Begins」でマイク・ピンダー（key、vo）が"夜を支配する天体(Orb)"についてナレーションし、次の「Dawn」で"深く息を吸うがいい　心よ目覚めよ"と朝の覚醒と人の誕生の両方を示唆するフレーズが歌われる。その"息を吸う（Breathe）"

の一節に呼応するごとく、「The Morning」には"吐息 (Sighning)"、「The Afternoon」には"ため息（A Sigh）"が登場する。呼吸＝生命なわけで、「Nights In White Satin」のパートが終わり「The Night」の後半になるとピンダーがまた登場し、このように語る

憂鬱をかき集めて深く息を吸うがいい
どの部屋からも明るさが失せていくのを見るがいい
寝室では人々がそれまでをふり返り嘆いている
また一日が徒労に終わってしまう
情熱に駆られた恋人たちは１つになって絡みあう
孤独な男は愛を求め叫ぶが　手にするものはない
母は産んだばかりの息子を抱き　乳をのませる
年老いた人は　もっと若ければと夢見る
冷酷非情な天体が夜を支配し
私たちの目前から色を奪っていく
赤は灰色に　黄色に　白になる
とはいえ　なにが正しいかは私たちが決めるのだ
それは幻なのかもしれないが

　アルバムの始まりと終わりに人の命を示唆する"Breathe"と神のごとく人の上位にあるものを象徴する"Orb"の語が登場し、人々の生の不確かさが語られる。一方、人間の営みをコンセプトにしたピンク・フロイド『The Dark Side 〜』は、人の誕生を扱った「Breathe／生命の息吹」を序盤に収め、最終曲「Eclipse ／狂気日食」で夜空にある月は欠けるものだと歌うことで、その下にある我々の社会の危うさを暗示した。比較すると『Days Of 〜』には、呼吸と天にポイントをおいた人の生への考察においてピンク・フロイドに先行した部分が見られる。オーケストラの導入だけでなく思索的な詞の面でも、ムーディー・ブルースはプログレの開拓者だったのだ。

The Night : Nights In White Satin

Words & Music by Justin Hayward

Nights in white satin,never reaching
the end
Letters I've written never meaning
to send
Beauty I've always missed with these
eyes before
Just what the truth is I can't say
anymore.

'Cause I love you, yes I love you
Oh how I love you (Oh how I love you).

Gazing at people,some hand-in-hand
Some try to tell me thoughts they cannot
defend
Just what you want to be you'll be in
the end
And I love you, yes, I love you
Oh, how I love you, oh how I love you.

TRO - © Copyright by TYLER MUSIC LTD. Rights for Japan controlled by TRO Essex Japan Ltd., Tokyo
Authorized for sale in Japan only

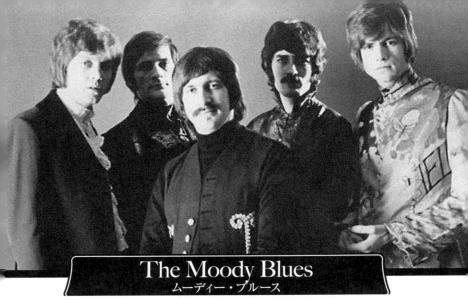

The Moody Blues
ムーディー・ブルース

ロックをアートに押し上げた先駆者

PROFILE

　レイ・トーマス（fl、vo）、マイク・ピンダー（key、vo）、デニー・レイン（g、vo）らで結成されたムーディー・ブルースは1965年にR&Bバンドとしてデビューするが、レインが去りジョン・ロッジ（b、vo）、ジャスティン・ヘイワード（g、vo）の加入後はプログレ化。『In Search Of The Lost Chord／失われたコードを求めて』（1968年）などキーボードを活かした編曲で個性を確立する。ピンダー脱退後はパトリック・モラーツ（key）が加わり、1980年代にもヒットを出す。以後もメンバーの脱退がありつつ活動を継続。

収録アルバム　『**Days Of Future Passed／デイズ・オブ・フューチャー・パスト**』（**1967年**）

①The Day Begins　②Dawn：Dawn Is A Feeling　③The Morning：Another Morning　④Lunch Break：Peak Hour　⑤The Afternoon／a）Forever Afternoon（Tuesday?）／b）（Evening）Time To Get Away　⑥Evening／a）The Sun Set／b）Twilight Time　⑦The Night：Nights In White Satin

　オーケストラを大々的に導入した点でプログレの先がけとなった作品。ロックとクラシックの融合というと重厚長大そうだが、④に顕著なように演奏自体は1960年代のビート・バンドらしい軽快さを残している。それも本作ヒットの理由だろう。

▲上写真：左より、ジョン・ロッジ、マイク・ピンダー、グレアム・エッジ、レイ・トーマス、ジャスティン・ヘイワード

おわりに

　一口にプログレといっても幅広いわけで、紙数に限りがある本書でどの曲を採り上げるか、選ぶのは悩ましかった。担当編集者と相談のうえ、ジャンルの大元であるイギリスのバンドに絞り、その他のヨーロッパ、アメリカなどの曲の採用は見送ることにした。

　ただ、本来のプログレの充実期は1960年代後半〜1970年代であり、曲が単純明快で短いパンク、演奏テクニックよりも機材を扱うセンスが問われるエレ・ポップ／テクノ・ポップが登場した後の1980年代にはプログレも変質したわけだ。キング・クリムゾンやジェネシスのようにアメリカ人がメンバーになったり、サポートに加わったりということも起きた。本書では、そうした時代変化の波が歌詞にも押し寄せたのを伝えることを心がけた。

　著作権許諾の関係で歌詞の使用には制約があり、残念ながら英詞の引用を見送った曲もある。このため、イエス「Owner Of The Lonely Heart」についてはコラムで採り上げ、ピンク・フロイド「Sheep」はジョージ・オーウェル関連作品のコラムで扱うなどの対応をとった。オーウェルといえば、ディストピア小説の古典『1984年』の作家だが、私は本書の直前にこの分野の小説や映画などを評した『ディストピア・フィクション論』（作品社）を刊行している。同書でもピンク・フロイド『The Wall』やロジャー・ウォーターズ『Amused To Death／死滅遊戯』に触れているので併読していただければ幸いだ。

　昨年に本書が企画され執筆している間にキング・クリムゾン、イエスの来日公演を楽しませてもらった。2バンドともメンバーが大幅に入れ替わったとはいえ、セットリストは往年の名曲揃い。プログレッシヴ・ロックは、進歩的であることから伝統芸へ移行しつつ、今でも謎めいた詞を歌っている。

　言葉のショーは終わらない。

円堂都司昭

主要参考文献

■『ピンク・フロイド　BRICKS IN THE WALL』
カール・ダラス　CBS・ソニー出版、1988年

■『ピンク・フロイド詩集』
肥田慶子訳　シンコーミュージック、1990年

■『神秘　ピンク・フロイド』
ニコラス・シャッフナー　JICC出版局、1993年

■『ピンク・フロイド・ファイル』
中村直也監修　シンコーミュージック、2005年

■『ピンク・フロイドの神秘』、『ピンク・フロイドの狂気』
マーク・ブレイク　スペースシャワーネットワーク、2009年

■『クリムゾン・キングの宮殿』
シド・スミス　ストレンジ・デイズ、2007年

■『キング・クリムゾン・ディレクトリー』
松井巧監修　スペースシャワーネットワーク、2018年

■『キング・クリムゾンと変革の時代』
ストレンジ・デイズ編　KADOKAWA、2018年

■『イエス　神々の饗宴』
伊藤政則　シンコーミュージック、1979年

■『イエス・ストーリー　形而上学の物語』
ティム・モーズ　シンコーミュージック、1998年

■『ザ・ストーリー・オブ・イエス　解散と前進の歴史』
クリス・ウェルチ　ストレンジ・デイズ、2004年

■『イエス・ファイル』
片山伸監修　シンコーミュージック、2005年

■『イエス全史　天上のプログレッシヴ・ロックバンド、その構造と時空』
マーティン・ポポフ　DU BOOKS、2017年

■『子羊解体新書　前編』
ツカモトヤシマ　エムプラン、2013年

■『エイジア　ヒート・オブ・ザ・モーメント』
デヴィッド・ギャラント　マーキーインコーポレイティド、2008年

■『UKプログレッシヴ・ロックの70年代』
青林堂、1996年

■『どうしてプログレを好きになってしまったんだろう』
市川哲史　シンコーミュージック、2017年

■「レコード・コレクターズ」「THE DIG」「文藝別冊」「ストレンジ・デイズ」の各バンド
特集

■KING CRIMSON和訳集
http://crmkt.in.coocan.jp/

■Prog Lyrics（プログレッシヴ・ロック名詞選）　http://proglyrics.blogspot.com/

■Silver Sackの Music Box
http://silversack.my.coocan.jp/rocks/index.htm

■その他、海外サイトなど

Interview

翻訳家に訊くプログレの歌詞世界

通訳・翻訳家　川原真理子さん

取材&文：編集部

　クイーンと、初来日公演のテレビ中継をきっかけに知ったエマーソン、レイク&パーマーが音楽人生の二本柱と語る通訳・翻訳家、川原真理子さん。プログレ作品の訳詞やプログレ・バンドへのインタヴューに携わることが多い川原さんに、プログレの歌詞世界について伺った。

▌訳詞に立ちはだかる"韻"と"人称"という壁

—— 歌詞にこだわりを感じるアーティストというと誰を思い浮かべますか？

川原：……歌詞の最高峰という意味で言うとボブ・ディランですね。私自身は彼の音楽はちょっと物足りないんですけど、核心の言葉自体は使わずに、核心に触れるというのはすごいと思います。プログレ界で言えば、メルヘンチックではありますがキング・クリムゾンのピート・シンフィールドの歌詞は好きですね。意味もさることながら言葉の響きがキレイなんですよ。まあ、グレッグ・レイクがあの声で歌ったからというのもあると思いますけど、まず"詩"として成立していると思うんです。もうひとり、プロコル・ハルムのキース・リードも、歌詞専任という点でピート・シンフィールドに近いですよね。私自身はそれほど彼らの大ファンというわけではないんですけど、『Grand Hotel』（1973年）というアルバムは、歌詞と音楽が表裏一体となっていて大好きなんです。A面は華やかで、B面は醜い現実という構成なんですけど、音楽からも歌詞からもそれが感じ取れるんですよ。これはキース・リードの功績かなと思います。

――作詞専任メンバーがいるというのも、プログレの特徴ですね。ピート・シンフィールドはエマーソン、レイク＆パーマー（以下：EL＆P）やイタリアのPFM（プレミアータ・フォルネリア・マルコーニ）にも詞を提供しています。

川原：キング・クリムゾンの始めの2作とEL＆Pは歌っている人も同じですから共通しているものはありますよね。ただ、歌詞は音楽もあってのものなので、やっぱりクリムゾンとEL＆Pでは聴いた時の感じ方が違うように思います。EL＆Pでのピート・シンフィールドの歌詞だと、個人的に好きだし印象に残っているのは「Karn Evil 9 c) 3rd Impression ／悪の教典 #9 第3印象」（『Brain Salad Surgery ／恐怖の頭脳改革』収録）の、コンピューターとの対話の部分。あのアルバムがリリースされた1973年はまだまだコンピューターなんて普及していない時代ですけど、その時代にあの詞を書けたというのはすごいですよね。後から、彼がコンピューターの会社でプログラマーをしていたというのを知りましたけど、示唆していた未来が今では現実になっているというのもすごいですし、あれはグレッグには書けない詞だと思います。

――同作の紙ジャケ版（ビクター：VICP-5317）では川原さんが対訳をされていますけど、コンピューター側の台詞をカタカナで表記するというのは印象的でした。日本語訳ならではの手法ですね。

川原：マンガから得たアイディアかもしれませんね（笑）。『鉄腕アトム』が大好きでしたから。あの部分は私もすごくこだわって、人間じゃないものを表現するために違う書き方をしてみました。インタヴューとかでも、外国のミュージシャンが日本語で"Domo Arigatogozaimasu"って言っていたら、"ドウモアリガトウゴザイマス"ってカナ表記するようにしていますね。

――ニュアンスが伝わりますね。ただ、ご苦労も多そうです。

川原：歌詞を翻訳していて困るのは韻ですね。英語だとちゃんと韻が踏まれているわけですけど、それを訳すと韻が失われてしまうん

です。なんとか日本語でも韻が踏めないかとがんばる時もあるんですけど、やっぱり難しいですね。あと、EL＆Pの「Jerusalem／聖地エルサレム」（『Brain Salad Surgery』収録）はウィリアム・ブレイクの詩で、既に日本語訳があるわけです。最終的には私なりの言葉で訳しましたけど、これも悩みましたね。もうひとつ、英語の場合は二人称が"you"しかないわけで、それが誰なのかわかりづらいことも多いですね。というのも、宗教はやっぱり大きなテーマで、"you"が神様を指していることもあるわけです。パラグラフによって"you"が人間相手だったり神様だったり変わったりすると、すごく大変です。個人的には……EL＆Pの「Pirates／海賊」（『Works Volume 1／ELP四部作』収録）が一番大変でした。海洋用語というのか、とにかく言葉が難しくて、1曲で3日ぐらいかかってしまいましたね（笑）。

──ちなみに、「Karn Evil 9」はどのように解釈していますか？

川原：私にもはっきりとはわからないです（笑）。サーカスみたいな内容から最後はコンピューターになるわけですから。まあ、人間や社会への警鐘、機械に頼りすぎるといつか支配されてしまうぞというメッセージなのは間違いないかと思いますけど……。ただそう言っているEL＆P自身が、最先端のモーグ・シンセサイザーとかを使っていたわけですよね。ピート・シンフィールドの真意はわからない

◎川原さんの思い出に残る、訳詞を手がけたプログレ作品

エマーソン、レイク＆パーマー
『Brain Salad Surgery』
（1973年）

エマーソン、レイク＆パーマー
『Works Volume 1』（1977年）

キング・クリムゾン
『Happy with What You Have to Be Happy With』（2002年）

ですけど、ちょっと自虐的な感じにも取れて面白く思いました。…
…これはキース（エマーソン）本人から聞いたんですけど、「イギリ
スのバンドは、どれだけ真面目な音楽をやっていてもどこかに必ず
ユーモアがある」って言うんです。これはヘヴィ・メタルでも同じで、
どんなに強面のバンドでも、イギリス人の場合はどこかに遊びがあ
るんですよね。そこが他の国のミュージシャンとは違うところだと
思います。

時代に限定されない普遍性を持つプログレの歌詞

——ユーモアというと、ジェネシスなんかもすごく『モンティ・パイ
ソン』的ですね。
川原：そう、結局あれなんですよ、イギリス人は。だから、それを
知らないと楽しめない部分もあったりしますね。……歌詞ではない
ですけど、EL & P の「Are You Ready Eddy?」（『Tarkus』収録）
の一番最後に、おそらくカール（パーマー）が何かを叫んでいる部
分があるんです。歌詞カードには "M. O. Cheese" と書いてあって、
私にも "エム・オー・チーズ" って聴こえたんですけど、意味がわ
からない。それが、後にキースに実際尋ねたところ、実はスタジオ
の賄いの女性が "サンドウィッチはハムとチーズどっちがいい？" っ
て聞いてきたのを、カールがマネしていたんだそうです。"ハム・
オア・チーズ" だったわけですね（笑）。ず〜っと悩んでいた謎が
わかってスッキリしましたけど、そんなところまで録音しなくてもい
いじゃないですか（笑）。これもイギリス人らしいなあって思います。
——５大バンドだと、エイドリアン・ブリューはアメリカ人ですが、
歌詞に違いなどは感じますか？
川原：話し言葉はともかく、書いた詞だと綴り以外はそれほど違い
はないと思います。それよりも、エイドリアンに関しては独特過ぎ
るというか、言葉遊びみたいなのが好きですよね。『VROOOM』

以降は私が対訳をやらせてもらっていますけど、「Happy with What You Have to Be Happy With」はしりとりみたいな歌詞でどう訳せばいいか苦労したのを覚えています。

——では、イエスはどうでしょう。すごくファンタジックだったり観念的だったりしますが。

川原：例えば「Roundabout」だと、辞書を引くと"迂回路や環状交差点"、"メリーゴーランド"といった意味が出てきますけど、どうにもよくわからないですよね。私が翻訳で携わった『イエス・ストーリー 形而上学の物語』という書籍で、ジョン・アンダーソン自身がちょっとした解説はしているんですけど、やっぱり"Roundabout"自体が何を指しているのかはよくわからない。それが、ジョンに会った時に聞いてみたら、ツアー・バスの中から山が見えたんですけど、すごく高い山だったので、頂上の下に山を囲むように雲がかかっていたそうなんです。その光景を"Roundabout"という言葉にしたということなんですが、なんだソレ⁉︎って思いましたよ（笑）。彼の中では論理立っているんでしょうけど、他の人にはわからないですよね。ビル・ブルフォードに会った時にも「イエスの歌詞は難解で

『イエス・ストーリー　形而上学の物語』
著：ティム・モーズ
訳：川原真理子
監修：赤岩和美
バーン・コーポレーション

すよね？」って聞いたら、彼は吐き捨てるように「何の意味もないからだよ」って（笑）。バンドだと、楽器隊は歌詞の内容なんて気にしていないことが多いですけど、それがまざまざとわかった瞬間でしたね。

——ピンク・フロイドの詞についてはいかがですか？

川原：私は歌詞を音で捉えることが多いんですけど、ピンク・フロイドの歌詞は聴いていてすごく心地好いです。『The Dark Side Of The Moon』は歌詞の内容とかを超越した、それ自体ですごいものとしか表現できない感じですけど、「Eclipse」の畳み掛けるような言葉使いとかは気持ち良いですね。ピート・シンフィールドとはまったく違う、感性に訴えかけてくるようなところが、ロジャー・ウォーターズの詞にはあると思います。……これは、プログレに限らずミュージシャンからよく聞くんですけど、その人は当然何かにインスパイアされて歌詞を書いたにしろ、聴く側がどう解釈するかは自由で、聴いた人の中で何かに共鳴して感動してくれたら嬉しいって言うんです。何々について書いた詞だと言いたがらない人が多いのもそういうことなんですね。誰が聴いても何らかの形で感動・共鳴できる詞が一番優れているということなんですけど、ボブ・ディランやロジャー・ウォーターズなどはそういう作詞家なんだと思います。……プログレの場合は特に、哲学や宗教からのインスピレーションや、当時の世情に対する異議などを直接的にではなく、比喩的に表現していたりもしますから、色褪せないというか普遍性が生まれるんでしょうね。

プロフィール
川原真理子（かわはら・まりこ）◎東京都出身。ロンドン大学インペリアル・カレッジ、工学部コンピュータ科学科卒。IT系企業を経た後、現在フリーで音楽関係の翻訳（本、雑誌インタヴュー、CDの歌詞対訳［EL&P、イエスその他多数］）、通訳などに携わる。

意味も知らずに
プログレを
語るなかれ

著者 ──────── 円堂都司昭

2019年7月11日 第1版1刷発行
定価（本体1,600円＋税）
ISBN 978-4-8456-3356-2

発行所 ──────── 株式会社リットーミュージック
〒101-0051
東京都千代田区神田神保町一丁目105番地
https://www.rittor-music.co.jp/
発行人 ──────── 松本大輔
編集人 ──────── 永島聡一郎

乱丁・落丁などのお問い合わせ
TEL：03-6837-5017 ／ FAX：03-6837-5023
service @ rittor-music.co.jp
受付時間／10:00-12:00、13:00-17:30
（土日、祝祭日、年末年始の休業日を除く）

書店様・販売会社様からのご注文受付
リットーミュージック受注センター
TEL：048-424-2293 ／ FAX：048-424-2299

本書の内容に関するお問い合わせ先
info @ rittor-music.co.jp
本書の内容に関するご質問は、Eメールのみでお受けしております。
お送りいただくメールの件名に「意味も知らずにプログレを語るな
かれ」と記載してお送りください。ご質問の内容によりましては、
しばらく時間をいただくことがございます。なお、電話やFAX、郵
便でのご質問、本書記載内容の範囲を超えるご質問につきましては
お答えできませんので、あらかじめご了承ください。

編集 ──────── 山本彦太郎、坂口和樹
装丁／レイアウト ── 下山 隆・長谷川文香（Red Rooster）
イラスト ──────── ヨコオ アキ（ex rich + famous）

印刷所 ──────── 中央精版印刷株式会社

©2019 Rittor Music Inc.
Printed in Japan
©Endo Toshiaki

※落丁・乱丁本はお取替えいたします。本書記事／写真／図版な
どの無断転載・複製は固くお断りします。

JASRAC 出 1906677-901

本書の無断複写は著作権法上での例外を除き禁じられています。
複写される場合は、そのつど事前に（社）出版者著作権管理機構
（電話 03-3513-6969、FAX 03-3513-6979、
　e-mail:info@jcopy.or.jp）の許諾を得てください。

リットーミュージックの本

たとえば、ブラッキーとクラプトン

細川真平、近藤正義　著

人生いろいろ、ギターもいろいろ…。
本書では有名ギタリストと伝説的なギターの"馴れ初め"を、全27話にわたって紹介。

定価：(本体 1,300 円 + 税)

エレクトリック・ギター革命史

ブラッド・トリンスキー、アラン・ディ・ペルナ　著
石川千晶　訳

約130年に及ぶエレキ・ギターの歴史を、
機材とギタリストの両面から紐解いていく。
今も世界中を虜にする"奇跡の音"の起源とは？

定価：(本体 2,500 円 + 税)

世界で一番ジミー・ペイジになろうとした男

ジミー桜井、田坂圭　共著

ジミー・ペイジを追いかけ続けたあるギタリストの自叙伝。
実際にジミー・ペイジ本人からもその演奏を認められるなど、
今や世界中のツェッペリン・ファンから注目を浴びる存在に。

定価：(本体 1,800 円 + 税)

リットーミュージックの本

意味も知らずに
ブルースを歌うな!

小出斉 著

有名ブルース曲の本来の意味を歌詞から解説。
楽曲の世界観がわかるイラストから、
原詞、コード譜、その楽曲の英単語・熟語フレーズまで。

定価:(本体 1,500 円 + 税)

意味も知らずに
ロックンロールを歌うな!?

小出斉 著

「Johnny B. Goode」「Roll Over Beethoven」
「Rock'n'Roll Music「Maybellene」…チャック・ベリー
が生んだロックンロールに込められた歌詞の意味を深読み。

定価:(本体 1,500 円 + 税)

意味も知らずに
ヘヴィメタルを叫ぶな!

川嶋未来(Sigh)著

ヘヴィメタルの歌詞をフィーチャーした1冊。
いわゆる悪魔ネタから社会的テーマを取り上げた曲、
バカバカしく下品な曲まで幅広く網羅。イアン・ギランも登場。

定価:(本体 1,600 円 + 税)